LOCUS

LOCUS

LOCUS

LOCUS

## touch

對於變化，我們需要的不是觀察。而是接觸。

touch 72
不敗的華爾街投資法
一次弄懂股票、ETF 怎麼買，讓你的財富 10 年翻一倍

作者：竹春
編輯協力：王慧雲
責任編輯：劉珈盈
封面設計：陳文德
內頁設計：許慈力
排版：薛美惠
法律顧問：董安丹律師、顧慕堯律師
出版者：大塊文化出版股份有限公司
台北市 105022 南京東路四段 25 號 11 樓
www.locuspublishing.com
讀者服務專線：0800-006689
TEL：(02) 87123898　　FAX：(02) 87123897
郵撥帳號：18955675　　戶名：大塊文化出版股份有限公司
版權所有　翻印必究

總經銷：大和書報圖書股份有限公司
地址：新北市新莊區五工五路 2 號
TEL：(02) 89902588 ( 代表號 )　　FAX：(02) 22901658
製版：瑞豐實業股份有限公司
初版一刷：2021 年 9 月
定價：新台幣 350 元
Printed in Taiwan

# 不敗的
## 華爾街投資法

一次弄懂
股票、ETF怎麼買，
讓你的財富10年翻一倍

竹春
———
著

# CONTENTS

## PART 3──ETF 和其他投資項目

## PART 4──我所看見的華爾街

　　還記得讀中學時，我從新竹客雅山上的成德國中走路回家，同學說他爸爸在買股票投資賺錢，我覺得很有趣，這是天下何等的好事。那一刻似乎一直留在我的心裡，十五年後，我剛從研究所畢業，留在美國工作，第一次買了股票。我讀的第一本投資書是彼得‧林區（Peter Lynch）的《選股戰略》（*One Up on Wall Street*）。當然，光讀一本書是不夠的，我最初的個股投資表現總是不及標普 500 指數。經過多年的練習和閱讀，漸漸才有些心得和好成績。

　　我第一次大筆投資是在 1993 年左右，我正在美國著名的投資銀行普惠公司研究部門工作，跟著比我資深的同事詹姆斯一起買高通的股票，他說高通的科技是無線通訊中最好的。我們兩個跟著其他同事用融資借錢買股票，自己放進 1 塊錢，

可以借 2 塊錢買 3 塊錢的股票。從這次的經驗，我學到了兩件事：一是我們都低估了高通技術的重要性，高通後來成為無線通訊的科技龍頭，股票至少上漲百倍；二是我們更大大低估了市場的不合理性，臨時的市場變動，導致銀行向我們追繳保證金，詹姆斯和我必須在最低點賣出持股。本來是致富的機會，卻變成賠售出場。後來我又買回一些，總算是小賺。

2008 年的金融危機是個千載難逢的投資好機會，讓人有種小孩進到糖果店的感覺，有好多的便宜股票可以買。那個時期的投資，為我帶來日後退休的本錢。

2020 年又是另一波巨大的市場變動，這次股市反彈太快，沒能撿到太多的好股票。但因為鎖在北卡的家中防疫，幾乎哪裡也不能去，便起了寫本書的念頭，把週末出遊的時間花在寫書上。原本想把歷年來寫的新詩整理出書，但估計新詩的讀者不多，所以決定先寫本實用的。然而，忍不住發表新詩的欲望，我還是在這本書中放了一首新詩，希望讀者喜歡。

這本書陸陸續續在 2020 年間完成，其中引用的股價也發生在不同時間點，但所敍述的道理是一樣的。這本書是我在這次危機中的最大收穫，總算沒有浪費危機帶來的機會。

這本書從清潔工隆納德‧瑞德的故事開始談起，瑞德在 2014 年過世，雖然他一生都只有微薄的收入，身後卻留下 800 萬美元的財富，如果他今天還活在這世上，估計他的財富將累積至 1,700 萬美元以上。一個清潔工尚能如此，大部分的我們也應該有能力做到。而要訣就是找到穩定合理的投資報酬率，加上很長的投資期。從長期來看，標普 500 指數基金是一個穩定的投資，能為投資者帶來合理的投資報酬率。

然而，任何投資都有風險，認識風險是所有投資的第一個課題。第 1 章列出過去百年美國股市所遇見的危機和風險，希望以此為鑑。每一次的危機起因不同，但所有的危機有一個共同點，那就是危機之後的股市反彈。回過頭來看，每一個危機都是一個轉機、機會。但讀者千萬注意，股市危機和金融狂熱或混水摸魚是不一樣的，金融狂熱和混水摸魚的結果會是輸得一乾二淨。第 2 章就以歷史的和最近的一些例子來說明什麼是金融狂熱，什麼是混水摸魚。第 3 章則透過奇

異公司傑米・戴蒙的故事，來討論公司執行長的重要性，他們的成功或失敗與我們的投資息息相關。

第 4 章介紹兩位華爾街的傳奇人物：吉姆・西蒙斯和華倫・巴菲特。這兩位傳奇人物在華爾街扮演非常不同的角色，一個是短線操作，從市場上的小波動賺取巨大的利潤；另一位則是從事長期投資，著重在公司的基本面和長期的競爭力。藉此，我們可以衡量小投資者應有的作為。

在投資世界裡，成長股和價值股的辯論從未停止過，第 5 章討論成長的風險和價值的陷阱，希望借此幫助投資者避免不必要的錯誤，不要當誤入叢林的小白兔。第 6 章利用一個虛擬的公司，解釋一些重要的股票財務數據，希望投資者有能力透過數據來判斷股票的好壞。第 7 章介紹了學者和分析師常用的一個股息貼現模型，這個模型限制很多，但仍然能夠幫助投資者思考判斷。這個模型也告訴我們，成長和價值是一樣的重要，缺一不可。

第 8 章和第 9 章討論了一些實際股票操作的情形，何時買、何時賣，以及融資對投資報酬率的影響。天下沒有白吃

的午餐，高報酬率往往帶來高風險，投資者不可一味地追求高報酬率而借貸，融資有可能讓一個好的投資決定變成壞的結果。 第 10 章簡單介紹股票資訊的來源，網路的發達，使得資訊觸手可及，但投資者應建立好的判斷力，了解資訊的好壞和真偽。

美國股市和交易市場上，有各式各樣的投資選項，第 11 章介紹幾種比較重要的 ETF。許多華人喜歡投資房地產，第 12 章介紹股市裡的房地產選擇，並與實際的房產做比較。第 13 章介紹了優先股、期貨和黃金的投資。投資者不必執迷於學會所有的投資選項，只要掌握自己的長處，選擇自己懂的股票，一樣能賺到錢。

第 14 章是最輕鬆的一章，希望在俗氣的書中，講些有氣資的課題——藝術品。因為這是一本投資的書，我還是用投資的角度來看《蒙娜麗莎的微笑》，罪過、罪過！我也在這一章介紹了一位好朋友的畫，經過他的同意，也刊登出他的畫作，希望讀者喜歡。

第 15 章和第 16 章介紹華爾街各式各樣的公司和一些小

故事，並以我對未來的淺見作結。

書稿完成於 2020 年的 12 月，書中各章的舉例都是在 2020 年陸續地寫入書中，出版的時候想必已過了半年，也正好可以印證我的分析是否正確。

一開始，我對這本書的期待，只是想和家人分享一下個人心得。離家多年，我在台灣還有許多親人和朋友，也想讓親友們看看我這些年所聽到的、看到的。遺憾的是，父母已經不在，我是多麼希望能在第一時間把書呈現給他們看，即便他們不買股票，但我可以想像他們的喜悅。在這樣的心情下完成這本書，希望是一本誠實、有用的書，幫助讀者更加了解華爾街的市場結構，同時提供一些資訊給將來想進入華爾街工作的年輕人。當然，對有意投資美股的讀者來說，應當也能有所收穫。

本書為我個人意見，不代表現在或曾經工作的公司的意見。本書圖表數據大部分來自彭博，我是彭博職業用戶 20 年，經彭博同意使用，在此表示感謝。

# 好的投資，是幸福的開始

2014 年初夏，美國佛蒙特州的一個小鎮，一位退休清潔工過世，這原本不是什麼大新聞，各大媒體竟大幅報導，原來，這名清潔工身後居然留下了 800 萬美元的財富，其中 600 萬美元捐給小鎮的醫院和圖書館。大家非常好奇，一位低收入的退休清潔工，為什麼能夠儲蓄如此多的財富。

這位退休清潔工名叫隆納德‧瑞德（Ronald Read），出生於 1921 年，只有高中畢業。學生時代的他每天必須步行 6 公里上學，畢業後，他被徵召入伍，參加第二次世界大戰。瑞德於 1945 年退伍，回到他出生地附近的小鎮巴特波羅（Battleboro）定居，先是在加油站做了 25 年的加油員，之後又到傑西潘尼（JC Penny）百貨公司擔任清潔工，直到 76 歲才退休。他微薄的薪水除了養家活口，幫助兩名繼子完成大

學學位之外，唯一的嗜好就是買股票。

瑞德一生勤儉。有一回，他在經常光顧的店家吃早餐，一位好心人怕他付不起吃飯錢，偷偷幫他付帳。鎮上鄰居和他的朋友，沒有人知道或想像得到瑞德居然能夠儲蓄這麼大筆的財富。

他的投資方式是典型的長期投資，選擇好公司的股票，幾乎只買不賣。他喜歡大型且穩定獲利的公司，例如寶鹼（P&G）、連鎖藥局 CVS、嬌生（Johnson & Johnson）等等。他投資近百家企業，風險分散，所以買錯一、兩家股票，影響也不致太大。雷曼兄弟控股公司（Lehman Brothers Holdings）也是他的標的之一，雖然雷曼兄弟破產歸零，但並沒有對他的財富累積傷害太大。他的資訊來源是圖書館的《華爾街日報》（The Wall Street Journal）和《霸榮》（Barrons）雜誌，他的嗜好正如他的姓氏一樣，喜歡讀書、讀資料。

瑞德在 1945 年回到故鄉，當時美國平均工資是 2,595 美元，到他退休的 1997 年，美國平均工資是 37,005 美元，年成長率 5%。此外，當瑞得滿 65 歲就可以領取美國政府的退

休金，退休後也不需要動用到過去的儲蓄。那麼，假設瑞德從 1945 起，持續將 35% 的薪資投入股市，以他微薄的薪水，需要多少的投資報酬率才能在他過世的 2014 年累積 800 萬美元的財富？

答案是 8.9%。如果瑞德持續將 35% 的薪資投入股市，即使是微薄的薪水，加上時間的洗禮，經過 69 年，大約 8.9% 的投資報酬率，就可以累積 800 萬美元的財富。1945 年底時，美國最知名的股票指數標普 500（S&P 500）是 17.36，到了 2014 年底時，標普 500 已經達到 2058.9，69 年間，指數成長了 118 倍。除了股價成長外，投資者還可以享有大約每年 2% 的股息。加上股息，從 1945 年至 2014 年，標普 500 的平均年投資報酬率就正好是 8.9% 左右。

瑞德的驚人財富，並不是因為他特別聰明或特別幸運，而是他持之以恆地用最簡單的投資方式，慢慢累積財富。就算沒有 8.9% 的投資報酬率，以 7% 的投資報酬率來算，也可以累積 350 萬美元財富。

這本書便是希望能探討出這個簡單的投資方式。

## 投資最重要的兩個要素：複利和時間

從瑞德的例子來看，累積財富最重要的兩個要素是投資報酬率和時間。投資報酬率也可以稱之為複利，公式如下：

未來價值＝現在價值 $\times$ （1＋複利）$^{年}$

假設瑞德在 1945 年投資 908 美元，經過 69 年 8.9%的複利後，2014 年的價值為 325,843 美元。

2014 年價值＝908 美元×(1＋8.9%)$^{69}$＝325,843 美元

時間和複利的力量著實強大。複利就像一台印鈔機，在你喝茶、睡覺的時候，仍然不斷地錢滾錢，愈滾愈多。複利愈高，錢滾得愈多；複利太低，耐心等候也沒有用。合理的複利是投資者追求的目標。

時間可以幫助投資者累積財富、分散風險，再利用複利效果幫助投資者印鈔票。持續穩定的投資，是一般人累積財富最好的方法，而健康的身體和心理則是延長投資期的先決

條件。健康的身體必須從年輕時開始，養成良好的運動習慣和飲食習慣，多活十年，財富就可以多翻一倍。

## 掌握 72 法則，讓財富 10 年翻一倍

至於什麼樣的投資報酬率才合理？過去 100 年間，美國股市的投報率大約 7％至 8％；過去 30 年間，即使經歷了網路泡沫和金融危機，美國股市的投報率仍然超過 9％。圖表 0-1 是不同市場的投報率，這裡只提到指數的成長，投資者每年還可以領股息，美國、台灣、日本的股市都有將近 2％的股息。指數投報率加上股息，才是最終的投資報酬。市場的投報率基本上和整個經濟體系相關聯，經濟發展快速，股市自然會反映出來；經濟停滯如日本，股市也好不起來。

過去 30 年來，投資黃金的平均年投報率約 5.6％，似乎還不錯，但如果以 100 年來看，黃金的投報率就降到 4.6％，遠比標普 500 差許多。

如果投資台權指數，過去 30 年，加上股息也有 4％的投

報率，但這 4% 之中，有很大一部分是因為台積電。從 1994 年以來，台積電股價成長四十倍以上，在 2020 年底，台積電占台權指數的 30%，相當於它後面第二到第二十九名的總合，第二名的鴻海僅占台權指數的 3% 左右。台權指數如果沒有台積電，投報率可能只有 2% 左右，譬如台權指數裡的金融業，自 1994 年至今，投資報酬率不是很高。

假設在台灣，有個人每年存 10 萬台幣，30 年後結果會如何？投資報酬率 1% 和 7.5% 的結果相差將近三倍，有人可以遊山玩水，有人只好勤儉持家，差別全在於儲蓄所得到的報酬率。如果投資報酬率僅 1%，30 年後退休僅有 350 萬的老本，若有 9% 的投資報酬率，就有將近 1,500 萬的退休金。同樣的定期儲蓄，相差卻十分可觀。

「72 法則」是一個很簡單的複利應用，如果投資者每年可以得到 7.2% 的投報率，那麼，每十年，投資者的財富就會翻一倍。7.2% 接近美國股市長期的投報率。假設我們投資一家企業或房地產等等，如果十年不能翻倍，那麼這項投資的報酬率必定低於 7.2%。投報率 7.2% 應該可以當作長期投資最低的目標。

|  | 1990/6/29 價格 | 2020/6/30 價格 | 年投報率 |
|---|---|---|---|
| 標普 500<br>（美元） | 358.02 | 3,100.29 | 7.5% |
| 台灣證交所<br>（台幣） | 5,049.58 | 11,621.24 | 2.8% |
| 台權指數<br>（台幣） | 185.99 | 393.09 | 2.5% |
| 波克夏 A 股<br>（美元） | 7,200.00 | 267,300.00 | 12.8% |
| 黃金<br>（美元／金衡盎司） | 352.20 | 1,780.96 | 5.6% |
| 白銀<br>（美元／金衡盎司） | 4.84 | 18.21 | 4.5% |
| 日經指數<br>（日元） | 31,940.24 | 22,288.14 | −1.2% |
| 日經指數<br>（美元） | 209.65 | 206.70 | 0.0% |
| 富時 100 指數<br>（英鎊） | 2,374.70 | 6,169.74 | 3.2% |
| 富時 100 指數<br>（美元） | 4,153.35 | 7,637.52 | 2.1% |

**圖表 0-1　投資報酬率比較**

上表是依過去 30 年的指數計算。除了指數的成長，投資美國標普 500，每年還可以得到約 2%的股息，所以標普 500 的實際年投報率超過 9%。除了金和銀，其他指數也都會提供股息。

## 巴菲特都推薦的標普 500 指數基金

標普 500 是美國股票指數中最具代表性的指數，500 指的是美國前五百大企業，由指數管理單位每季調整，決定哪些公司屬於五百大。除了市值大小，獲利紀錄也會列入考慮，所以市值大不一定能加入標普 500。

電動車公司特斯拉（Tesla）因為過去獲利不盡理想，直到 2020 年 12 月才加入標普 500。當一家成長快速的公司加入標普 500，就代表有另一家成長緩慢的公司被除掉，正因為這樣的篩選過程，這個指數可說是勝利者的指數。

根據標普 500 官網的簡介，該指數占了美國股市總值的 84%。當一家公司被加入指數，各大指數基金就必須買入該公司的股票。2020 年 8 月，許多人預期特斯拉會在 9 月加入標普 500，股價事先就開始飆漲，最高曾達每股 502 美元，結果 9 月 8 日公布時，特斯拉未被選入，當天股價便狂跌 21%，至每股 330 美元。

2020 年 11 月 16 日，標普 500 在股市收盤俊公布特斯拉

將於 12 月 21 日加入，特斯拉的股價在盤後交易上漲 13%，估計各大指數基金必須買進 1,000 億美元價值的特斯拉。2020 年底，特斯拉從之前的大約每股 400 美元衝上 660 美元。

對於沒有時間研究股票的人來說，最好的投資莫過於標普 500 指數基金。華倫·巴菲特（Warren Buffett）曾經忠告投資人：定期定量地投資標普 500 指數基金，對大部分的人來說是最好的投資選項。不要一次把所有的錢放進去，利用時間來分散風險，一小筆一小筆地投入，10 年後，這樣的投資方式會好過 90%的其他投資。

| 投資酬報率 | 每年存 10 萬台幣，30 年後的結果 | 投資標的 |
|---|---|---|
| 1% | 3,500,000 | 日經指數 |
| 4% | 5,800,000 | 台權指數或英國股市 |
| 5.6% | 7,800,000 | 黃金 |
| 7.5% | 11,100,000 | 標普 500（100 年平均） |
| 9% | 14,900,000 | 標普 500（30 年平均） |
| 12.8% | 31,800,000 | 波克夏 A 股 |

**圖表 0-2　不同投資報酬率對退休金的影響**
表中的投資報酬率包括股息再投資。

美國有很多管道可以買標普 500 指數基金，如果想容易進出，指數股票型基金（Exchange Traded Fund，簡稱 ETF）是個好選擇，投資者可以把它當作股票買賣；或是直接投入類似先鋒集團（Vanguard）的信託基金，也很方便。當你購買一股 SPDR 標普 500 指數 ETF（代碼 SPY）時，相當於同時按比例購買了五百家公司的股票，可以分散風險。

圖表 0-3 是幾個大型的 ETF 供大家參考。ETF 的管理費大多低於 0.1%，投資 100 萬元，年管理費不到 1,000 元，對投報率沒有太大的影響。

| ETF 代碼 | 管理公司 | 基金規模（億美元） | 股息 | 管理費 |
|---|---|---|---|---|
| SPY | State Street | 2,673 | 1.91% | 0.095% |
| IVV | Blackrock | 1,890 | 2.10% | 0.03% |
| VOO | Vanguard | 1,439 | 1.91% | 0.03% |
| IVW（成長基金） | Blackrock | 270 | 1.38% | 0.18% |

**圖表 0-3　美國股市上幾個大型的 ETF**

2020 年 6 月 26 日資料，讀者可上網搜尋最新資訊。資料來源：各管理公司網站。

表中的股息是根據過去 12 個月的資料，IVV 股息偏高，是因發放時間點不同，前三家實際股息應差不多。

股票的買賣都含有一些運氣的成分，但時間久了，運氣的成分會漸漸消失，所以投報率要看長期，一、兩筆賺錢或賠錢的買賣並不能代表自己的能力。在統計學上，要求「足夠大的樣本數」，一般需要三十個以上的樣本數才能找出一個結論，若你買賣三十次下來，總合結果不如標普 500 的話，那麼最安全穩定的投資就是標普 500 指數基金了。

## 美國股市的好日子還會繼續嗎？

過去幾十年，美國股市的表現比其他國家好很多，但這種情況還會繼續嗎？

首先，我們來看看為什麼美國股市表現比較好。股市的成長，在於公司的表現和成長。自 1980 年以後，世界上出現的幾個大公司，例如微軟（Microsoft）、蘋果（Apple）、谷歌（Google）、亞馬遜（Amazon）、臉書（Facebook）、網飛

（Netflix），這些都是美國的創新。而在 1980 年之前，電力、電燈、電視也都是美國的發明。這樣的創造力，自然就會反映在股市。

就拿成立至今不過二十年的亞馬遜為例，在 2020 年 12 月，市值已達 1.6 兆美元。史蒂夫・賈伯斯（Steve Jobs）創造的蘋果公司，則有 2.3 兆美元的市值。得天獨厚、坐擁世界最大油田的沙烏地阿拉伯石油公司，市值也是大約 2 兆美元。個人創造的財富，和全球最富有的天然資源，竟然不相上下。如果把亞馬遜、微軟、谷歌、蘋果和臉書這五家科技公司的市值加總起來，是沙烏地阿拉伯油田的三倍以上。這五家公司的創始人皆是白手起家，公司裡都有高比例的亞裔員工，人才和企業家才是財富創造的來源。

美國是人才的大吸鐵，人口成長的來源之一是移民，而且大部分的移民是長大後才來到美國，美國不需要負擔養育、教育的費用。對美國經濟來說，這是免費的成長動力。這個情況在可見的未來還不會改變。

我讀了柏楊寫的《中國人史綱》才知道，盛唐時期的長

安有幾分相似今天的紐約，住著許多外國人，基督教（當時稱為景教）也在這時傳入中國。來到長安的外國人都希望成為長安人。種族融合，移民和本地人和睦相處，是富裕社會的象徵。

對台灣來說，張忠謀和他的團隊就是社會最大的財富來源。2020 年 12 月，台積電市值達 5,500 億美元，如果台灣沒有台積電，台權指數可能就達不到年報酬率 3%。要是台灣有一天也可以成為人才的吸鐵石，經濟成長率也一定會增加。

再從另一個角度來分析，為什麼百年來美國股市投資報酬率平均在 7.4% 左右？用簡單的想法來分析，假設一個國家的人口從 100 人，成長到 102 個人，每人平均消費水準不變，商業交易量就成長了 2%，如果又遇上通貨膨脹，物價上漲 3%，那麼商業交易量就成長了 5%，若再加上科技進步、生產效率增加，平均所得也會增加，成功的公司受益更多，達到 7.4% 的成長是合理的。

由於人才濟濟、法令完備、市場機制健全，美國生產效率應該也可以穩定成長，美國和中國的貿易戰的確會影響短

期互利的情形，但我相信兩個大國會重新找到雙贏的模式。比起歐洲和日本，美國生產力的領先應該不會被取代。

　　過去十年，由於金融風暴、中國提供全世界低成本的生產工廠，以及全球貿易的成長，導致美國的通貨膨脹率偏低，但仍然維持在 1.5% 上下。當中國的經濟體系成熟，全球貿易成長緩慢下來，美國央行放進市場的錢有可能把通貨膨漲帶回 2% 以上，甚至更高。目前美國的通貨膨脹是穩定的，如果通貨膨漲上升，好的股票通常比現金安全些。

## 股票是維持財富的重要方法

　　2020 年 6 月《霸榮》雜誌提到，美國貧富差距逐漸增加，其中一個原因是低收入的家庭沒有從股市得到好處。現在的美國，1% 最富有的家庭擁有 20% 的收入，而最低 50% 的家庭僅有 13% 的收入。要進入最富有的 1%，年收入至少要 42 萬美元。

　　1989 年時，1% 最富有的人擁有美國 30% 的財富，而底下

90%的人擁有 33%的財富；到了 2016 年，1%最富有的人擁有 39%的財富，而底下 90%的人擁有的財富從 33%降到 23%。當 COVID-19 疫情襲及美國，年收入 4 萬美元的人，有 40%的人失業，年收入超過 10 萬美元的人，失業率只有 13%。

更值得注意的是，美國最有錢的 10%的家庭，擁有 84%的股票。年收入 10 萬美元的美國人中，84%直接或間接擁有股票。年收入 7 萬 5,000 美元到 10 萬美元的美國人中，71%直接或間接擁有股票。年收入 3 萬 5,000 美元到 7 萬 5,000 美元的美國人，只有 53%直接或間接擁有股票。由此可見，股票是維持財富一個很重要的方法。

學習股票買賣，自我反省是必經之路，了解自己的弱點，懂得判讀空氣中的恐懼，多努力，多讀書，多讀一些財務報表，投資的成果就會更好。賺錢的交易固然值得高興，賠錢的交易則是繳學費、學習的過程。記得自己犯的錯，不要再犯，就是最好的學習方式。最大的錯誤，就是只繳學費卻不學習。少犯錯，你存下的退休金會比較安全。

很多人在學習過程中，可能會發現自己投資的表現總是

不如標普 500 指數基金，這時候就應該果敢地把錢轉到標普
500 指數基金，定期定額投資，相信到了退休的年紀，可以
比較有餘裕過著幸福快樂的生活。好的投資，是退休幸福的
開始。

## 好書介紹

## 《股票作手回憶錄》

我從 MBA 畢業後，來華爾街找工作，面試時，我
常常請教面試官有什麼建議的閱讀書籍，《股票作手
回憶錄》（*Reminiscence of a Stock Operator*）是許
多人建議的一本書。

內容大半已不復記憶，但沒忘記的是，書中提到
貪心和恐懼是投資者一定要克服的心理障礙。貪心會
讓投資者追高，以為股市只會上漲，甚至向高利貸借
錢買股票，忘了市場有高有低，最終賠錢退場。恐懼
會讓投資者忘了初衷，以為股市完了，緊急拋售。恐

懼有時候是因為之前的貪心所造成的，如果借錢買股票，下跌時付不出利息，就只能拋售。克服貪心和恐懼的方法，是要能夠看清價值所在，控制風險。

　　另一個讓我印象深刻的是：無知的願望和理性的期望不同，投資者要能夠分辨出來。我們買股票時，自然希望股票會漲，那是我們願望。當經濟不景氣，或是公司出了問題，股價自然會下跌，這是正常、理性的期望。如果是因為經濟的關係，股票暫時下跌，但經濟總是會好轉，這也是理性的期望。但如果是公司營運出了問題，比如會計造假，股價大跌 50%，你還是天真地以為股價總有一天會反彈，這就是無知的願望。交易股票，要以理性的期望為主，願望想想就好，不要忘了邏輯。

PART

# 1

## 投資前，
## 先認識風險

# 第 1 章

# 任何投資都有風險，安全為要

有人問巴菲特他的投資法則，他說：「第一是不要賠錢，第二是不要忘記第一件事。」

目前世界上被認為最沒有風險的投資，是美國政府債券，其他多少都有風險。風險通常可以分為兩大類，一是宏觀的市場和經濟，當股市一片低迷時，很難有單一股票置身事外。另一種風險是個別的風險，屬於公司自己的風險，比如波音公司（Boeing）737 Max 的安全問題、奇異公司（GE）的會計和經營問題。

## 整體的市場走向才是重點

　　經濟數據很難預測，美國最大的經濟數據是美國非農就業數據（Nonfarm Payroll，簡稱 NFP），在每個月的第一個星期五公布。另一個很重要的新聞是聯邦公開市場委員會（FOMC）的決議聲明，詳細的日期都公布在聯準會的網站。華爾街通常會猜測結果，聯準會也會猜華爾街想要什麼結果，所以新聞的重點往往在於聯準會的官方聲明，看看有什麼文字上的改變。

　　其他大大小小的經濟數據還有零售銷售、房屋銷售、採購經理人指數（purchasing manager index，簡稱 PMI）、通貨膨脹率等等。在彭博（Bloomberg）的電子交易平台 Bloomberg Terminal 這些資料一應俱全，搜尋美國財經日曆（US Economic Calendar）也可以找到一些資料。

　　除了數據難以預測，各種經濟數據也常常會呈現不同的觀點，有好有壞。在不同時期，華爾街注意的焦點也可能會不同。例如，近年通貨膨漲率偏低，所以這個數據對市場沒有太大的影響，但若將來大環境改善了，通貨膨脹可能再度

成為關注的焦點。整體而言，NFP 和 FOMC 決議聲明一直是最重要的經濟指標。

2020 年 6 月初公布 NFP 之後，《霸榮》有一篇文章的標題是〈當牛市和熊市都看起來有道理，你要怎麼辦？〉（When both bears and bulls make sense, what do you do?），牛市指的是股市向上漲，熊市指的是股市下跌，即使公布了經濟數據，市場也往往看法不一。結論是，小股東切莫過度解釋一、兩個經濟數據，整體的市場走向比較重要。

如果股市持續走高，大家稱之為牛市；如果股市大跌、行情低迷，大家稱之為熊市。但跌多少才叫大跌呢？股市大跌或股市崩盤的定義是從最高點跌下至少 20%，如果跌超過 10% 但少於 20%，稱為市場修正。股市修正發生的頻率比較高，試想，股票一年平均漲幅 7.4%，偶爾跌 10% 並沒什麼大問題。問題在於，修正會不會變成大跌，那就要看修正背後的原因了。了解市場，了解經濟走勢，可以幫助投資者做出好的決定。

1929 年以來，美國股市共有十次的熊市，最嚴重的是

| 時間 | 名稱 | 最高點 | 最低點 | 跌幅 | 原因 |
|------|------|--------|--------|------|------|
| 1929/9-1932/6 | 經濟大蕭條 | 31.9 | 4.4 | -86% | 1920年代泡沫化,政府沒即時拯救 |
| 1946/5-1949/6 | 存貨過多導致經濟衰退 | 19.25 | 13.55 | -30% | 二戰結束,戰時需求突然減少,造成物價下跌 |
| 1961/12-1962/6 | 古巴飛彈危機 | 72.64 | 52.32 | -28% | 冷戰,古巴飛彈危機 |
| 1968/11-1970/5 | 越戰 | 108.37 | 69.29 | -36% | 1960年代過度成長,越戰開銷過大 |
| 1973/1-1974/10 | 石油危機 | 119.87 | 62.28 | -48% | 中東戰爭,通貨膨脹超過10% |
| 1980/11-1982/8 | 通貨膨脹 | 140.52 | 101.44 | -28% | 央行調高利率抑制通貨膨脹,導致股市大跌 |
| 1987/8-1987/12 | 黑色星期一 | 337.89 | 221.24 | -34% | 程式交易,黑色星期一股市大跌22%;隨之而來的是1990年代的盛世 |
| 2000/3-2002/12 | 網路泡沫化 | 1527.46 | 776.76 | -49% | 網路泡沫化,納斯達克指數最高達5049點 |
| 2007/10-2009/3 | 經濟大衰退 | 1565.15 | 682.55 | -56% | 房市泡沫化,金融危機 |
| 2020/3-2020/4 | COVID-19病毒 | 3393 | 2192 | -35% | COVID-19全球疫情造成高失業率 |

**圖表 1-1　歷史上著名的熊市(以標普 500 為例)**

對金融歷史有興趣的讀者,可上網搜尋每一個時期股市崩盤的相關經由。

1929 年的經濟大蕭條。如果有人不幸買在 1929 年股市的最高點，可能要等 25 年才能打平。但如果聰明地從 1932 年開始投資股市，往後的 10 年，平均每年可以賺取 10% 的利潤。股市雖然有好有壞，善於掌握時機的投資者，在任何時候都可以獲利。

過去十次股市崩盤，時間都能撫平傷痛，轉虧為盈。一百年來，即使經過了這麼多的風風雨雨，投資者還是可以享受到平均 7.4% 的投資報酬率。在 1929 年經濟大蕭條前的最高點，標普 500 指數是 31.9，到 2020 年底，指數是 3,700 多點，成長了一百多倍。在股市崩盤的當下，我們可能會很恐慌，積蓄幾乎腰斬，但過了之後，又後悔為什麼當時沒有多買一點。如果有人買在經濟大蕭條標普 500 的最低點 4.4，之後的 90 年間成長了七百倍。最壞和最好的差別是一百倍的利潤或七百倍的利潤，其實都不錯。

股市崩盤，往往是最好的進場時機，巴菲特說過：「當大家都貪心時，我們要戒慎恐懼；當大家都戒慎恐懼時，我們要貪心地買。」

當整個市場失去了理性，投資者紛紛掛起拋售的旗幟，正好是股市充滿著有價值卻便宜的好股票。在崩盤時撿到便宜的好股票後，接下來最重要的就是撐過這段不理性的市場，股價自然會隨著經濟成長反彈。

圖表 1-2 顯示標普 500 在經歷 2008 年至 2009 年的經濟大衰退後，隨著經濟的復甦，開始超過 10 年的穩定成長，直到 COVID-19 的疫情出現，暫時下跌後又繼續回升。

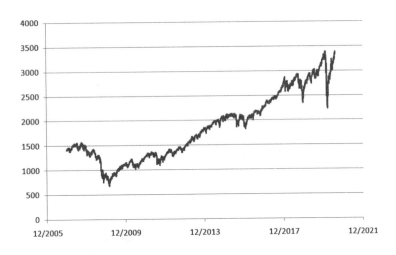

**圖表 1-2　標普 500 指數 2007 年至 2020 年走勢圖**

2008 年至 2009 年的經濟大衰退後，標普 500 開始超過 10 年的穩定成長。隨著時間的演進，過去的熊市幾乎都被後來的牛市淹沒了。資料來源：彭博。

## 別讓選對股票變成錯誤的結果

　　從股市崩盤中，我們學到的最寶貴經驗就是：不要借錢買股票，量力而為。

　　各證券公司容許客戶借錢買股票，用 1 美元買 2、3 美元的股票，這樣證券公司可以賺進很多利息收入。如果股票大跌，一旦跌到某個程度，投資者自己的錢低於維持保證金時，證券公司便會要求你存入更多現金，或是賣股票換現金。如果你不作為，證券公司有充分的權利任意選一些你的股票賣。假設你用 1 美元買 2 美元的股票，崩盤時又跑得慢，即使你的長期觀點是對的，也成功預測股市會大力反彈，但實際上，你卻可能賠光辛苦積蓄。

　　市場上有句名言（據說是凱因斯所言，但無確切證據）：「市場維持不理性的時間，往往超過你我可以承受的限度。」（Markets can stay irrational longer than you can stay solvent.）沒有安全地管控自己投資的金額，選對了股票也會變成錯誤的結果。

如果你是用自己的錢買，即使買在當時股市的最高點，只要撐過一段時間，暴風雨結束，世界又回歸正常，你又可以享受每年平均 7.4% 的投資報酬率。就算不幸地在經濟大衰退之前買在股市最高點，撐過 5 年本金也會回來。若是定期定量的投資，市場短期的波動，可不必太在意。

我們生活在一個繁華、富有、自由的年代，比台灣更幸運的美國，從 18 世紀的殖民地成長為世界第一大國，自從 19 世紀的內戰後，美國沒有再經歷過境內戰爭。但百年以外的歷史，經歷了許許多多的人類浩劫，有些是人為的，有些是天然的。

正當 COVID-19 疫情在美國持續蔓延時，《經濟學人》（*The Economist*）雜誌提到歷史上幾個可怕的災害，例如 1859 年 9 月的卡林頓事件（Carrington Event），這是有紀錄以來地球發生最強烈的太陽磁暴。如果發生在今天，電力系統、通訊系統和無數的電子產品將全面癱瘓，可能連去銀行領錢都有問題。電力系統修復不易，全球經濟必然會受到很大的影響。

天然災害是無法預知的，COVID-19 疫情襲捲全球，標普 500 在 2020 年 3 月重創後迅速反彈，我想，美國股市應該有能力面對未來百年內的天然災害。

## 勿以價低而買之

大市場跌跌漲漲，撐過去就好，但個股出問題就一定要處理，不能大意，股價絕對有可能跌到 0 元。古人說「勿以惡小而為之」，從投資的角度來看，「勿以價低而買之」，不要誤以為股價低就可以買，我是花了很多錢才學到這個經驗。

在網路興起的 1990 年代，亞馬遜成立於 1994 年，谷歌成立於 1998 年。1997 年，有一家網路公司叫 eToys.com，是一家在網路上賣小孩玩具的公司，名字取得很好，創立的時間點恰到好處。股票於 1999 年上市，開盤第一天，股價從 20 美元衝到 76 美元，最高曾達到 84 美元。之後營業額成長停滯，利潤持續虧損，股價在 2000 年時下跌至每股 1 美元，我想這應該到谷底了，趕緊買進 1 萬多股，自以為撿到便宜，

結果這 1 萬多美元最後竟然一毛不剩。

個股可以讓人輸得精光，經濟大衰退的 2008 年至 2009 年，雷曼兄弟控股公司便是另一個例子。雷曼兄弟成立於 1847 年，堪稱百年老店，2008 年之前，一年營業額 200 億美元，員工平均年收入 30 萬美元以上，最終因為鋌而走險，失去了市場和投資者的信心，最後破產，股價歸零。

有些公司即使沒有破產，但成長停滯，獲利年年遞減，股價也會充分地把問題呈現出來。美國工業鉅子奇異公司成立於 1892 年，創始人是湯瑪斯‧愛迪生（Thomas Edison）。愛迪生發明了直流電、留聲機、攝影機，也是電燈的發明者之一，可說是那個年代的賈伯斯加上比爾‧蓋茲（Bill Gates）。奇異公司也是百年老店，2011 年時還是全球 20 大企業之一，獲利排名第 14，但因為奇異資本（GE Capital）的財務問題，加上會計問題和決策錯誤，股價由 2017 年的每股 33 美元，跌到 2020 年底的 10 美元，目前看來，回到 33 美元的日子是遙遙無期。

## 沒有誠信的公司不能碰

要了解一家公司體質好不好，外行人會看維基百科或搜尋網路風評，內行人就是看公司的財報了。

美國上市公司每三個月必須提供當季財務報告（簡稱 10-Q），每年必須提供證管會一份正式的年度財務報表（簡稱 10-K），在這份報告中一定會有一段是風險評估。每項投資都有風險，關鍵在於你得到的投資報酬率和你承受的風險是否值得。

舉例來說，臉書在 2019 年年報中列出了 23 條產品上的風險，18 條廣告收入的風險，17 條市場競爭的風險，34 條財務收支可能不如預期的風險，15 條國際競爭的風險，15 條股市震盪的風險，以及 8 條臉書公司法規不利於被併購的風險。讀完後，投資者可能會覺得步步驚心，的確，市場競爭本來就很激烈，就看公司有沒有好的領導者，能誠實地面對風險、帶領員工克服困難。

沒有誠信的公司絕不能碰，營收不實、財務不清，小股

東無從預估獲利，或是無從決定股價高低，切忌跟出現這些徵狀的公司沾上邊。2020 年 6 月，媒體不時報導中國瑞幸咖啡和德國的 Wirecard，兩家公司都謊報營收，股價低迷不振。

瑞幸咖啡曾經被稱為是「中國的星巴克」，在 2020 年 1 月初，股價高達 50 美元，1 月底，有消息傳出，瑞幸謊報營收，股價緩慢下跌，大投資公司開始默默地實地調查，但股價仍維持在 30 至 40 美元之間，持續了一個多月，有些投資者仍然對公司抱持希望。3 月中，股價再度下滑至 20 至 30 美元之間。4 月 2 日，公司承認造假，股價下跌至 6 美元，如果這時候還不死心，到了 6 月，股價只剩下 2.5 美元。

德國 Wirecard 是市場喜歡的電子支付公司，因為造假帳，股價從 2020 年 4 月的 141 美元狂跌到 6 月底的 3.2 美元。公司帳目不清，20 億美元不知去向。究竟有沒有賺到 20 億，還是 20 億美元被侵占了？在 2020 年的 8 月，沒有人清楚真相。

## 沒有競爭力的公司要避開

沒有競爭力的公司，就像生病的跑者，除非身體恢復健康，否則只會持續落後。

我在 1985 年來到美國時，常去逛的兩家百貨公司是西爾斯（Sears）和 K-mart。西爾斯是 1980 年代最大的百貨公司，在芝加哥的西爾斯大樓（Sears Tower，現已更名為威利斯大廈〔Willis Tower〕）曾經是全世界最高的摩天大樓。1990 年代之後，這兩家公司逐漸被沃爾瑪（Walmart）、好市多（Costco）和 Target 打敗。

華爾街投資人艾迪·蘭伯特（Eddie Lampert）於 2003 年開始購買 K-mart，並在 2004 年合併 K-mart 和西爾斯。兩家生病的公司，合併之後並沒有改善營運。蘭伯特掌握合併公司的 40% 股權，西爾斯在他的控制下逐步脫手部分資產，關閉不賺錢的店面，但還是難逃 2018 年破產的命運。破產後，蘭伯特買下西爾斯剩下的資產，重新組成另一家私人公司。過去的 16 年間，蘭伯特既是投資者，也是經營者，最後變成破產後的收購者，小股東只能在旁邊乾瞪眼。這樣的公司，

少碰為妙。

　　沒有能力的經營團隊，永遠是小股東的惡夢。大股東或是對沖基金可以施壓公司，要求更換經營團隊。股價高時，大股東可以賣掉股票賺錢，股價低時，他們可以買進並設法施壓改善。股價高低掌握在這些人的手裡，小股東很難賺錢。

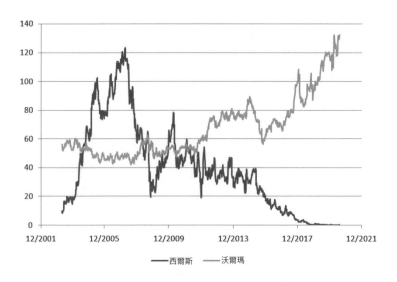

**圖表 1-3　西爾斯與沃爾瑪的股價走勢圖**

西爾斯因經營不善，市場占有率和獲利逐年下降，最終破產。相對的，沃爾瑪即使在亞馬遜的競爭下，仍然持續成長。資料來源：彭博。

## 壞消息未必不好，必須從整體分析

2012 年，摩根大通銀行（J.P. Morgan）一位交易員被發現隱藏一些交易上的損失，讓銀行賠了 63 億美元，加上罰款 10 億美元，總共損失 73 億美元。這筆金額超過許多小銀行的市值，雖然是筆大錢，但摩根大通當年淨利 213 億美元，損失還在可以接受的範圍。摩根大通擁有華爾街最好的執行長傑米‧戴蒙（Jamie Dimon），業務蒸蒸日上，因為這起事件，股價相對其他銀行下跌了 10%，但這反而是一個買進的時機。所以，我們不應該對所有壞消息都一視同仁，應該從整體分析，才能做出適當的因應。

2017 年，有人舉發臉書的用戶資料被一家英國公司劍橋分析（Cambridge Analytica）不當使用，在 2016 年的美國總統大選中幫助該公司的客戶唐納‧川普（Donald J. Trump）。這個消息對臉書是一大打擊，因為用戶如果不信任臉書，臉書的使用度便會下跌。這件事導致臉書股價低迷了好一陣子，今天回過頭看，那也是一個買點，但時機過去才知道，就是馬後炮了。

公司的成長總是有高有低，從摩根大通和臉書的例子不難發現，好的公司可以從谷底爬起，再創新高，但更多的例子告訴我們，壞消息出來時要快跑，比如 2017 年奇異公司的會計和現金流問題，2020 年 Wirecard 和瑞幸咖啡的假帳問題，這些股票至今仍未翻身。小心駛得百年船，只有在不賠錢的情形下，才有機會賺錢。

**好書介紹**

## 《一個新世界：喚醒內在的力量》

這本書是歐普拉（Oprah Winfrey）推薦的，完全和財經、股市無關，但有助自我反省，其中一些例子很有禪意。

除了大環境的風險和個股的風險，投資者自己也是一個風險。如果不能認清自己的優缺點，執意不肯更改投資方式，最後結果自然不盡理想。這本書提到，我們腦子裡有時候會出現一種聲音，那聲音像是另一

種人格，它可能會安慰你投資不利都是因為運氣不好（賠一、兩筆交易可能是運氣問題，但如果一直表現不佳便與運氣無關）；它可能告訴你再賭一把，大不了下個月省點用；或者它告訴你下一筆一定賺（天下沒有一定賺的事，如果有，也輪不到你我），向親戚朋友借錢來翻身吧。用「賭一把」的心態來投資，不會有好的結果。

作者稱這種腦子裡的聲音為「自我」（ego），我們必須跳出自我，才能清醒地看待事情。投資只是其一，生活中，自我也常常把我們綁在一些小細節上，也許是朋友無心講了一句話，也許是夫妻為了一件小事糾結數日，值得嗎？

書中提到一個小故事：兩個和尚在回寺的路上，因為大雨過後，滿地泥濘，他們看到一個打扮時髦的小姐躊躇不安地無法過街，於是，老和尚就背著小姐過街，年輕的和尚默默不語，回到寺廟後幾個小時，終於忍不住而質問老和尚，為什麼他可以不守清規，背著小姐過街，老和尚聽了大笑說：「我只不過背她

幾分鐘過街，就把她放下了，而你卻背負著這件事情幾個小時，到現在還放不下。」

如果投資不按理性，而是任由自我來決定；不依數據和資訊，只憑一時的衝動，無視風險的存在，借錢投資，即使投資的企圖心是正確的，但偶爾不理性的市場會讓人得不償失。社會中不乏這些例子，親戚朋友之間也時有所聞，希望讀者能夠戒之慎之。

# 第 2 章

# 辨識金融狂熱和混水摸魚

前文提到，股市大跌的時候，往往是一個買點，但一般人在嗅到整個空氣中充斥著恐懼，擔心經濟大蕭條再起，還是不免會懷疑，跌了 30%之後，會不會再跌 30%？

但歷史告訴我們，經濟成長有週期性，也有強大的韌性，政府和中央銀行也會進場支持經濟度過難關，除非整個經濟體系都發生問題。當整體經濟即將反彈的時候，股市也會快速地反映出來。

然而，金融狂熱和渾水摸魚則是完全不同的情況。投資人一旦陷入這兩種情況，血汗錢可能跌得一乾二淨，這是個股投資一定要避免的。

我常常告訴自己，雖然我很幸運，但沒有幸運到可以不勞而獲。金融狂熱和渾水摸魚可以說一個是陽謀，一個是陰謀。金融狂熱是陽謀，明明白白告訴投資者，公司不賺錢，但許多投資者仍然相信著不切實際的美好未來，即使股票漲到不合理的高價，還是深信它會持續上漲。但是當賣壓出現時，股價往往迅速地大跌，令投資者措手不及，留與不留，變得難以抉擇。更困難的是，金融狂熱的漲跌有時候非常類似新興的成功科技股，數據和好的判斷力是分辨真假的工具。

「渾水摸魚」這句成語，2011 年第一次出現在金融用語中，當時有位在上海做生意的美國年輕人卡森・布洛克（Carson Block），他發現一家在加拿大上市的嘉漢林業公司（Sino-Forest Corp）帳目有問題，不斷造假資產和銷售量。2010 年，該公司甚至宣稱光在雲南省就賣出 5 億美元的木材，布洛克親自察訪嘉漢林業的工廠和林地，發現帳面上的數字和事實完全不符，工廠像是廢棄工地，員工一問三不知，林地要不是不存在，就是浮誇濫報。

最後布洛克寫了一份〈渾水研究報告〉（Muddy Waters

Report）揭露醜聞，嘉漢林業的股價因此大跌，並在 2012 年 3 月宣告破產。這份研究報告和布洛克從此聲名大噪。除了嘉漢林業，布洛克又陸續揭發了好幾家類似的公司。

渾水摸魚可以說是陰謀，表面上公司有效地成長獲利，骨子裡卻是一堆垃圾。即使在眾多會計和法律的監督下，渾水摸魚的例子還是年年層出不窮。

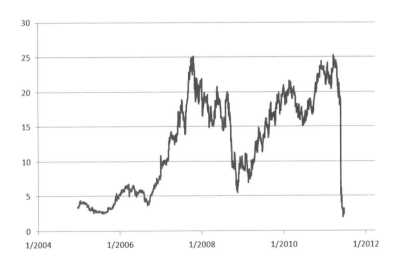

**圖表 2-1　嘉漢林業的股價走勢圖**
嘉漢林業是典型的混水摸魚，沒有誠信的公司，小投資者應該避免。資料來源：彭博。

## 金融狂熱與股市崩盤的關係

金融狂熱和股市崩盤有些類似，但不完全相同。股市崩盤往往影響到整個股市，不分好壞一起大跌，所以是撿好股票的時機。金融狂熱則發生在特定類型的股票或資產，是局部性的，這類公司要不是賠錢，就是獲利率低，但是當眾人一窩瘋地相信這股狂熱，股價往往漲到極不合理的地步。

在過去的歷史上，金融狂熱與股市崩盤往往發生在同一時期，2000 年的股市崩盤和網路泡沫化有不可分的關係。大部分網路泡沫化的公司都屬於納斯達克指數，雖然納斯達克指數中也有好公司，比如微軟和蘋果，但在 2000 年時，指數裡充斥著新興、不成熟的網路公司。從 1995 年至 2000 年，納斯達克指數上漲了 400%，因為網路泡沫化，在 2000 年狂跌 78%，標普 500 也跟著跌了 49%。之後納斯達克花了超過 14 年才回到 2000 年的最高點。如果把通貨膨脹和股息一起算進來，納斯達克等於花了 17 年才回到 2000 年的價位，而標普 500 花了不到 7 年就回到 2000 年的最高點。

金融狂熱可能引發股市崩盤，也可能不會。金融狂熱也

不是股市崩盤的唯一因素，其他的經濟問題也可能導致股市崩盤。造成金融狂熱的公司會從市場消失，但龐大的經濟體系會反彈，回歸正常，整體的股市會隨著時間漸漸恢復獲利和市場價值。狂熱的最後往往是一無所有，早進去早出來的投資者算運氣好，中後期的只有賠錢收場。但股市崩盤卻是買入的時機，崩盤後，隨之而來的是另一個高峰。

## 17 世紀的鬱金香狂熱

講到金融狂熱，就不能不提到鬱金香狂熱，有人認為這是歷史上第一個有紀錄的金融狂熱。鬱金香產自地中海東部，品種繁多，花色百出，在 16 世紀時開始流行於西歐。雖然雍容美麗，但它如何造成一股全民的狂熱？以現在來看，這是很難想像的事情，但身處其中的人，卻是深信鬱金香所代表的財富和潛在的獲利。

那是發生在 1636 年。14 世紀的文藝復興將歐洲帶入一個新興時期，科學在 17 世紀漸漸成為主流思想，在這樣的環境下，歐洲愈來愈富裕。靠海的荷蘭在 17 世紀初就開始有股

票交易市場的概念。當鬱金香在 16 世紀輸入荷蘭之後，欣賞鬱金香成為高尚品味的代表，種植並擁有鬱金香也成為地位和財富的象徵，是一種無上的炫耀。

當大家在欣賞鬱金香的雍容美麗時，聰明人也開始注意到鬱金香直線上漲的價格，稀有的品種更是眾人競相爭取的戰利品，有知識、有眼光的人都無法置身事外。市場不斷傳出稀有品種的交易資訊，一個清楚的致富之道就是逢低買進、逢高賣出。過去的最高點經過幾次交易之後，就變成新的最低點，帳面上豐厚的利潤更增加了投機者的信心，鬱金香交易市場也因此成立，荷蘭市場一片大好。奢侈品價格上漲，實用的房地產反而不值錢，有些人甚至把房地產拿去典當借錢買鬱金香球莖。

當交易市場不斷創下新高點，市場幾乎沒有輸家，唯一的輸家就是站在場外的人。市場因狂熱而生起的信心，在 1636 年冬天將鬱金香的價格帶到最高點，一顆鬱金香球莖可比一輛豪華馬車，依今日的貨幣價值調整，相當於 5 萬美元。市場瀰漫著樂觀的態度和無限的想像力，預期價格會無止境地上漲，想像全世界富有的人願意付出任何代價，到荷蘭購

買稀有且珍貴的鬱金香。

在鬱金香市場達到最高點時，發生了一則不好笑的故事。有位船長吩咐水手去進口商家中通報貨物抵達，進口商聽了很高興，便賞賜水手一頓飯。水手吃完飯離開後，進口商發現他一顆比馬車還昂貴的鬱金香球莖不見了，於是派人找回水手，水手再三發誓自己沒有偷竊任何東西，不過他吃飯時曾隨手把旁邊的一顆洋蔥拿來配著吃下肚了！

如同所有的金融狂熱，鬱金香狂熱終究泡沫化。1637 年 2 月，鬱金香價格迅速大跌，交易市場停止運作。還好當時荷蘭國力強盛，這個狂熱並沒有動搖國本。這股狂熱之後的唯一收穫，是讓荷蘭穩坐最大的花卉出口國家，每年出口額高達 46 億美元，占全球花卉出口近 50%。

## 21 世紀的電動車狂熱

2017 年有部電影《電流大戰》（*The Current War*），講述當年愛迪生和喬治・威斯汀豪斯（George Westinghouse）的

故事。在 1870 和 1880 年代，他們之間的競爭在某些程度上就像 20 世紀末的微軟和蘋果電腦。愛迪生和威斯汀豪斯除了是成功的發明家，也是成功的企業家，各自成立那個年代的大企業。然而，和他們同處一個時代的發明家尼古拉‧特斯拉（Nikola Tesla）就沒有那麼幸運了。

特斯拉出生於歐洲，之後移民美國，曾在愛迪生的公司工作，但愛迪生深信直流電，不肯採用特斯拉建議的交流電，於是特斯拉離開了愛迪生的公司。儘管特斯拉發明的交流電力系統比愛迪生的直流電力系統更廣受後世所用，他的知名度還是遠不如愛迪生。

2003 年，伊隆‧馬斯克（Elon Musk）創立特斯拉，正是為了紀念這位偉大的發明家。馬斯克從南非移民到美國，在他的領導下，特斯拉的電動車大受歡迎，雖然沒有賺到什麼錢，但特斯拉的市值高過其他汽車公司。它的高成長率，以及在電動車設計的領先地位，是支持股價的原因。馬斯克是個工作狂，除了電動車外，他還創辦 SpaceX，扭轉美國原本在全球火箭發射的弱勢地位。他的其他事業還包括致力於發明新產品的無聊公司（The Boring Company），以及企圖將高

速運輸帶到另一個新境界的超迴路列車（Hyperloop）。

除了特斯拉，還有一家也是以尼古拉‧特斯拉為名而成立的電動車公司，名為尼古拉汽車（Nikola Corp）。尼古拉汽車的創辦人特雷佛‧米爾頓（Trevor Milton）和馬斯克作風截然不同。米爾頓以前是賣中古車的商人，絕對不是另一個馬斯克。

電動車已是公認的未來市場趨勢，各大企業莫不投入巨資發展。成立於 2014 年的尼古拉汽車，還沒有生產出一部完整的電動車，就於 2020 年 6 月透過「特殊目的併購公司」（Special Purpose Acquisition Company，簡稱 SPAC）借殼上市交易。許多人將尼古拉汽車視為「特斯拉第二」，股價從開盤的每股 35 美元衝到 93.99 美元，市值一度超過年產 500 萬輛車的福特汽車。

每當我們聽到一家公司可能是「第二個 XX」，或是當我們覺得某家成功公司的股價太貴，想找一個便宜的替代品，這樣的想法往往會導致錯誤的投資決定。尼古拉汽車上市後，市場負面消息開始出現，現在每股已經不到 20 美元，創辦人

也因諸多負面消息而辭職了。

除了特斯拉和尼古拉，市場上還有許多家電動車公司，傳統的汽車公司也投入大量資金研發電動車，雖然想法正確，但市場也競爭激烈，最後成功的可能只有兩、三家。這樣的市場，聞起來就有點狂熱的味道。

金融狂熱沒有直接發生在標普 500 指數上，主要原因是標普 500 有一個篩選制度，不容易進入。但金融狂熱仍然以不同形式反覆出現在金融市場中，有些是明顯的騙局，比如說伯納‧馬多夫（Bernie Madoff）的龐氏騙局（Ponzi scheme）。網路泡沫更是為人所知，當時許多高價股最終以 0 元收場，我也是受災戶之一，買過 eToy.com、PFSWeb。早進場的人還有一點獲利的可能，跑得慢的就是少賠或多賠，在那之後，美國買股票的個人減少了一些，想必受害的多是散戶。

## 瑞幸咖啡與 Wirecard 怎麼混水摸魚？

2017 年 10 月才開始營業的瑞幸咖啡，迅速擴張企業，

曾經有人認為這是中國的星巴克。瑞幸在 2019 年股票上市時，已有 2,370 家分店、1,600 多萬顧客，為了讓股價繼續上漲，公司開始造假營業額。

2020 年 1 月，瑞幸咖啡的股價曾高達 50 美元，〈渾水研究報告〉在 1 月底揭露假帳的消息，公司於 2 月強烈否認，3 月中股價已下跌 50%，至 25 美元，4 月繼續下跌至 10 美元以下，7 月創辦人被迫離職，股票被納斯達克交易所下架，9 月被中國政府裁罰。根據 2020 年 12 月 16 日的報導，瑞幸咖啡將付給美國政府 1.8 億美元罰款，原因是瑞幸咖啡在 2019 年偽造了 3 億美元的營業額。到了年底，每股剩下 8 美元左右的價值。雖然造假帳的經理管理階層已離開公司，但市場仍然無法相信這家公司。

在 2 月和 3 月，投資者有兩個月的時間可以逃走，減少損失。萬一不幸遇上這樣的股票，止損行動是必要的。

外國公司在美國上市的股票，美國政府有權力檢查公司的財務稽查報告，但中國的公司是唯一例外，中國政府不准許外國政府接觸中國公司的稽查報告。部分因為瑞幸咖啡的

關係，美國已開始提案，取消給中國公司的特殊待遇，如果中國政府仍然不准許美國檢查，中國公司在美國上市的股票，必將要做調整，這是未來兩年市場關注的一個發展。

　　再來看另一家公司 Wirecard。金融科技和電子支付是過去十年間很熱門的一個發展，PayPal 和 Square 是其中的佼佼者。Square 在 2016 年時，投資者可以不到 10 美元買進，到 2020 年底，每股高達 210 美元。在德國，也有一家電子支付公司 Wirecard，成立於 1999 年，2007 年將生意擴展至亞洲，在新加坡成立分公司，2014 年進入澳洲和紐西蘭，2019 年的 4 月，軟體銀行（SoftBank）投資 10 億美元，並且簽約成為彼此的企業夥伴，同時，Wirecard 也經由收購一家北京的電子支付公司，生意擴展至中國。

　　隨著生意的擴張，Wirecard 股價也從 2016 年每股 20 美元衝上了 2018 年的 111 美元最高價。但在 2020 年 1 月，開始出現報導說 Wirecard 會計申報不實，公司的董事長也辭職了，當時股價仍然在 70 美元以上。2 月公布年度財務報表，但少了會計公司稽查的結果，股價仍維持在 64 至 78 美元之間。沒有經過稽查的財務報表，真實性值得懷疑，這是一個

嚴重的預警。到了 3 月，股票隨著 COVID-19 疫情下跌至每股 45 美元，雖然會計稽查仍在進行，沒有確切的結論，Wirecard 隨著整體股市反彈至 4 月的 75 美元。

5 月至 6 月中旬，市場愈來愈多人懷疑公司的會計有問題，開始脫手，股價跌至 40 至 60 美元。6 月 18 日，報導證實，2019 年的年度財務報表出不來，因為公司的 21 億美元不見了。股價從前一天的 58 美元大跌至 20 美元收盤，6 月 19 日再跌至 13 美元，6 月 22 日股價剩下每股 7 美元。如果投資者還不信邪，抱著股票不放，到 2020 年的 12 月，股價僅剩下每股 3 毛美元。Wirecard 的執行長馬庫斯・布勞恩（Markus Braun）被補入獄，另一位重要的主管揚・馬薩勒克（Jan Marsalek）仍在逃通緝中。

Wirecard 和瑞幸咖啡的渾水摸魚都是在 2020 年被揭發的，這種情形英文稱為 fraud，是舞弊、騙局。這兩個例子只是冰山一角，投資者萬一不幸遇到這樣的公司，切勿心存僥倖，要拔腿就跑。由這兩個例子看來，投資者都有至少兩個月的時間可以止損脫手，雖然損失很大，但不至於血本無歸。當然，最好還是敬鬼神而遠之。

## 《金融狂熱簡史》與《異常流行幻象與群眾瘋狂》

　　有一年我回台灣看家人，也順道拜訪從初中一路到大學的同學吳泉源教授，他請我吃飯，我也送了他一本小書，是約翰·高伯瑞（John Galbraith）所寫的《金融狂熱簡史》（*A Short History of Financial Euphoria*）。吳教授很喜歡這本書，他的學生把它翻譯成中文出版。書中介紹了幾樁歷史上知名的金融狂熱，非常值得一讀。

　　另一本推薦的書是查爾斯·麥凱（Charles Mackey）所寫的《異常流行幻象與群眾瘋狂》（*Extraordinary Popular Delusions and the Madness of Crowds*），把鬱金香錯當成洋蔥吃掉的故事便是出自此書。除了鬱金香狂熱之外，書中還介紹了其他幾個金融狂熱，包括南海泡沫事件（South Sea Bubble）和密西西比泡沫事件（Mississippi Company）。

# 第 3 章

# 經營者是重要的投資夥伴

現代的民主國家，總統或總理的權力雖然大，但相較古代的皇帝，他們的權力小多了，雇用閣員還是需要國會投票通過。反觀各大企業的執行長，倒有點像是雄霸一方的藩鎮，有充分的用兵點將的權力。

好的執行長可以攻城略地，不斷地擴充企業的領域，併吞周邊的小企業或可能的競爭對手。表現不好的執行長，薪水拿的一樣多，但企業領域逐年衰退，公司內部也必然士氣低落，最後股東們忍不住了，便想法子把他換掉。即使是好的執行長，有些願意和大家分享財富，有些卻不願意，所以也要注意財富分配的傾向。

## 執行長是股東的重要夥伴

就如同讀小說、讀歷史，成功的故事，總有一個了不起的人物，每一家成功的公司，也一定有一位了不起的執行長。蘋果的賈伯斯、微軟的蓋茲、亞馬遜的傑夫·貝佐斯（Jeff Bezo）、臉書的馬克·祖克柏（Mark Zuckerberg）、波克夏的巴菲特、摩根大通的戴蒙，都是我們這一代可以親眼目睹的人物。早幾代的有沃爾瑪的沃爾頓、奇異的愛迪生、迪士尼的華特·迪士尼（Walt Disney）、福特汽車的亨利·福特（Henry Ford）、標準石油（Standard Oil）的約翰·洛克菲勒（John D.Rockefeller），以及鐵路大王康內留斯·范德比爾特（Cornelius Vanderbilt）。

執行長是每一個股東最重要的企業夥伴，雖然我們沒有機會和他們近距離接觸，但他們的成功和失敗，與我們的股價息息相關。好的執行長的例子太多、太多了，但是不好的執行長更多。

要是我們能早些認出英雄，也是成功投資的一個重點。尤其是大企業的創辦人兼執行長，更是一代的企業梟雄，許

多往往不支領薪水，免費為股東服務。過去賈伯斯、蓋茲，以及谷歌的賴利・佩吉（Larry Page）都只領 1 美元薪水。

雖然許多 1 美元執行長的公司，在股市表現很好，但也不是所有的都好，雅虎的楊致遠當年也只支領 1 美元薪水，雅虎後來還是被谷歌追上。金德摩根（Kinder Morgan）是一家好公司，理查・金德（Richard Kinder）也是好的創辦人，但能源業近年來一路走下坡，好的執行長還是難敵市場趨勢。執行長的薪水，網路上都搜索得到。

| 創辦人 | 公司 | 年薪 |
|---|---|---|
| 祖克柏 | 臉書 | 1 美元 |
| 傑克・多西 | 推特 | 1.4 美元 |
| 巴菲特 | 波克夏 | 1 股股票 |
| 貝佐斯 | 亞馬遜 | 81,840 美元 |
| 理查・金德 | 金德摩根 | 1 美元 |

**圖表 3-1　公司創辦人兼執行長的薪水**

好的執行長是公司成功的要素，尤其是創辦人又願意與股東分享成功的果實。理查・金德雖然是好的創辦人，但近年的大環境不利於能源公司，所以公司股價表現不好。

## 奇異公司的漲跌

　　奇異是由愛迪生創辦的公司，成立於 1892 年，愛迪生就像現今的賈伯斯和蓋茲一般，帶領那個年代的科技進步發展。傑克·威爾許（Jack Welch）於 1981 接下了奇異執行長的位置，奇異在他的領導下，經由併購和市場擴張，成長很快，成長率高過標普 500 的平均值。威爾許契寫了一本書《jack：20 世紀最佳經理人，最重要的發言》（*Jack: Straight from the Gut*）闡述他的成功經驗。威爾許在 1981 年至 2001 年擔任奇異的執行長，在這段期間，他的幾個經營理念常常被提及，一個是他採用了摩托羅拉（Motorola）的六標準差（Six Sigma）生產方式；一個是績效評級，他每年固定遣散 10% 表現不好的員工，也就是所謂的強制性 10% 末位淘汰制；另一個是他要求所有奇異旗下的企業必須是市場最強的第一或第二名，如果不是，他就會大幅度整頓，甚至出售。在他的領導下，奇異被認為人才濟濟，1993 年至 1998 年間，奇異是全球最有價值的公司，就像今天的蘋果公司。

　　2001 年威爾許退休時，有三位可能的繼承人，分別是航空發動機事業部的詹姆斯·麥克納尼（James McNerney）、電

力事業部的羅伯特・納德利（Robert Nardelli）、醫療事業部的傑夫・伊梅爾特（Jeff Immelt），威爾許和董事會最後選擇了伊梅爾特。消息公布後，納德利 10 鐘之內就被家得寶（The Home Depot）搶走，麥克納尼則去了 3M 當執行長，2005 年又轉去波音（Boeing）當執行長。除了麥克納尼和納德利之外，還有其他數人在威爾許擔任執行長時被挖角，比如勞倫斯・波西迪（Lawrence Bossidy）於 1991 年從奇異去了聯合訊號（AlliedSignal）當執行長，大衛・科特（David Cote）於 1999 年從奇異被挖角去了 TRW 公司。

圖表 3-2 是以在 1981 年投資 1 美元，經過多年，奇異相對於標普 500 的差別。奇異在不同的執行長的領導下，也走向了不同的命運，2001 年是個分界點。

伊梅爾特在 2001 年開始擔任奇異的執行長，繼續經由併購來擴張工業和科技部門，並且擴張奇異資本的金融業務，進入房屋貸款業務。奇異是一個以工業科技為主的公司，跨行進入金融業，本來就走了一步險棋，偏偏又碰上了 2008 年金融危機，大環境不利於奇異。

此外，奇異的內部經營也有問題，各層級經理在龐大的壓力下，必須達到上層要求的獲利目標。與其追求技術上的改進，經理階層發現，「改進」會計數字，更容易增加利潤，奇異在伊梅爾特的領導下，股價最高達到 40.5 美元。雖然奇異在帳面上繼續成長，但現金問題卻無法掩蓋，伊梅爾特提早於 2017 年退休，下一任的執行長把問題公布出來，股價從每股 24 美元跌至 2020 年夏季的 6.5 美元左右，每股盈餘從

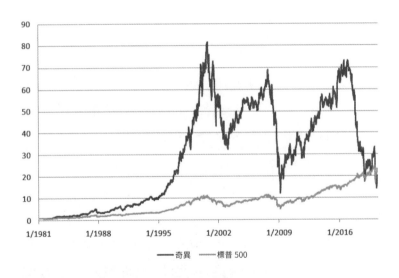

**圖表 3-2　奇異與標普 500 的投資報酬比較**

在 1981 年投資 1 美元，多年後奇異相對於標普 500 的差別。因執行長的改變，奇異於 2001 開始走下坡。資料來源：彭博。

2016 年的 1.49 美元跌至 2019 年的 0.65 美元，但大家還是對奇異的數據有所保留。

伊梅爾特在擔任奇異的執行長時，曾經三度被《霸榮》列為世界最好的執行長之一，《金融時報》將他列為 2003 年的年度風雲人物，2009 年被《時代雜誌》（Time）選為全球 100 位最具影響力的人。退休後，他還在《哈佛商業評論》寫了一篇自豪的〈我如何重塑奇異〉（How I Remade GE）來恭喜自己「功成身退」。現在回頭看，報章雜誌都不一定正確，也是會看走眼的。

比較另一家公司，前述在 1999 年被 TRW 挖角的大衛·科特，在 2002 又被延攬到霍尼韋爾（Honeywell）接任執行長，當時霍尼韋爾的市值和信譽遠遠不如奇異。科特和伊梅爾特都曾經在奇異擔任要職，並且表現不凡，但各自在不同的公司擔任執行長之後，他們帶領的兩家公司走上了截然不同的命運。

伊梅爾特在 2003 年就被譽為年度風雲人物，而科特直到 2013 年才被譽為年度執行長，時間上相差了 10 年。但如果從股價上來看，從 2001 至 2005 年間，霍尼韋爾對奇異的

股價一直在 1 比 1 上下，但從 2006 年起，霍尼韋爾就把奇異遠遠甩在後頭。在 2020 年的夏天，霍尼韋爾的股價是奇異的二十六倍有找，兩者的差距實在可觀。仔細想想，股票市場是用錢投票，領導者的好壞對公司有長期性的影響，一旦市場證明了好壞，直到領導者換手，趨勢大致不會改變。

另一個關於這兩家公司的趣事是，2000 年 10 月，奇異前執行長威爾許曾經企圖以 420 億美元收購霍尼韋爾，當時奇異是霍尼韋爾的十多倍大。美國政府也批准了收購案，但歐盟否決了收購案，所以收購失敗，如果今天兩家公司再度談到合併（目前沒有這個消息），應該是霍尼韋爾收購奇異吧！

圖表 3-3 是奇異和霍尼韋爾自 1981 年起的股價成長幅度，以 1981 年為基準 1，在威爾許的領導下，奇異從 1981 年到 2000 年最高點，成長了四十多倍，而霍尼韋爾在最高點時，僅成長了十倍。但 2001 年、2002 年領導人執行長更換以後，兩家公司的命運就重新有了變化。2018 年，奇異從外面請來一位新的執行長，奇異往後的好壞，將與這位新的執行長息息相關。

## 經營者的股份持有度

這裡所謂的經營者，包括公司的高階主管、董事會的董事，他們掌握了公司的經營大權，公司的好壞與經營者息息相關。經營者高度持有公司的股份是件好事，代表股東和經營者在同一條船上，股價上漲，對兩者都好，因此經營者股份持有度是一個可以研究的數據。

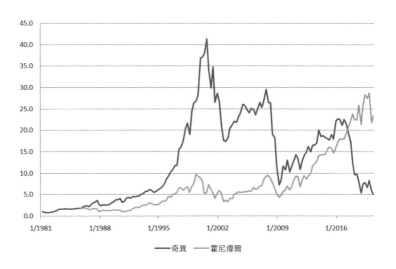

**圖表 3-3　奇異與霍尼偉爾的股價變化**

在 1981 年投資 1 美元，多年後奇異與霍尼偉爾的差別。霍尼偉爾執行長大衛‧科特出身自奇異公司。資料來源：彭博。

經營者因為生活的需要，定期會賣掉一些股票，這是很正常的，尤其一些創辦人兼執行長，比如臉書的祖克柏，年薪僅僅 1 美元，因此賣些股票是很正常的事。但當股票低迷時，經營者會開始買股票，這一般代表經營者對公司的信心。2008 年金融危機時，摩根大通執行長戴蒙覺得摩根大通股價已經跌到太低了，他以 22.63 美元的價格買了 50 萬股股票。在 COVID-19 疫情爆發之前，摩根大通的股價曾經漲到 140 美元以上，即使因為疫情的打壓，摩根大通在 2020 年的夏天仍然維持在 100 美元上下，足足漲了三倍多。經營者購買自家公司股票通常是件好事，但也不是唯一的考量。

許多雜誌或金融資訊網站都會提供經營者交易的資訊，經營者擁有許多其他人看不見的資料，所以證券管理機構要求經營者的交易必須公開化，接受市場的觀察。經營者的交易時間也有管制，比如在公司財務公布之前的一段時間，經營者是不允許交易自家股票的。

執行長的薪水也有資料可以查詢，不是所有創辦人兼執行長都不支領薪水。比如說黑石集團（Blackstone）是一家非常成功的私募公司，創辦人兼執行長史蒂芬・施瓦茨曼

（Stephen Schwarzman）2018 年的年薪是 6,900 萬美元，2017 年則拿了 1.25 億美元。戴蒙為摩根大通的股東創造了更多財富，但 2017 年的年薪大約 3,000 萬美元，相對於施瓦茨曼，戴蒙的薪水低多了。

## 摩根大通銀行的戴蒙

目前被廣泛認為最成功、也最有影響力的銀行家便是戴蒙，在 2008 年金融危機以前，摩根大通並不是西方國家最大的銀行，但危機也是轉機，摩根大通健全的經營團隊，成功的風險管理，利用金融危機，擴張業務，成功地讓摩根大通坐上銀行界龍頭的寶座。

戴蒙出生於 1956 年的紐約市皇后區，父親曾經在桑迪·威爾（Sandy Weill）底下工作，威爾是 1980 和 1990 年代重要的銀行家，兩個家庭一直維持朋友關係。戴蒙在塔夫茨大學時，寫了一篇論文，他的母親拿去給威爾看，威爾因此雇用戴蒙進公司暑期工讀。威爾非常欣賞戴蒙，戴蒙於 1982 年從哈佛大學 MBA 畢業後，就進入美國運通（American

Express），開始正式擔任執行長威爾的助手，之後便一路跟隨威爾，從美國運通到旅行家集團（Travellers Group）。1998年，旅行家集團和花旗銀行合併，花旗集團成為當年銀行界的龍頭，擔任執行長的威爾也成為華爾街 1990 年代最有影響力的銀行家。

威爾於 1985 年離開美國運通，以 7 百萬美元買下商業信貸公司（Credit Commercial），戴蒙也跟隨威爾，30 歲的年紀就已經擔任公司裡重要的財務長職位，掌管公司的金融大權。有人稱戴蒙是威爾的數據小子，替威爾分析管理各種金融數據。戴蒙幫助商業信貸公司上市，並且經由併購快速成長，重要的併購案包括 1987 年以 15 億美元併購經營不善的普瑞瑪瑞卡（Primerica），1992 年花了 7.2 億美元買下 27% 旅行家保險（Travellers Insurance）的股權，1993 年從美國運通手中買下協利（Shearson）證券公司，年底也完成收購旅行家公司，成立旅行家集團，集團有一個著名的紅色雨傘商標。

旅行家集團成立後，1996 年以 40 億美元買下安泰人壽（Aetna），1997 年以 90 億美元買下問題重重但歷史悠久的

所羅門兄弟（Salomon Brothers）證券公司，戴蒙是這一系列併購案的首席功臣。此外，戴蒙掌管的證券交易子公司美邦（Smith Barney），業務成長優異，成為許多併購案的後盾。

1995 年《紐約時報》發表一篇推崇戴蒙的文章，文中可見威爾對戴蒙讚譽有加，一位董事會董事的評論特別引人注意，認為雖然戴蒙目前掌管證券子公司，但也漸漸成為整個旅行家集團前進的動力。文章還附了一張照片，戴蒙在前，威爾在後，功高震主的影子開始出現了。

1994 年威爾把女兒潔西卡‧威爾（Jessica Weill）放進戴蒙掌管的證券子公司，擔任信託基金部的主管。潔西卡缺乏金融管理的經驗，卻自視甚高，許多經理階層很不以為然。後來，潔西卡不滿意戴蒙在某些職務的安排，覺得自己應該得到更多的升遷和權力，於是在 1997 年離開旅行家集團。威爾看在眼裡，但沒有立刻行動。

1998 年，威爾下了他事業最大的一步棋，將他經營的旅行家集團和花旗銀行合併，成立花旗集團，成為華爾街的龍頭。雖然證券子公司最合適的經營管理者是戴蒙，但威爾放

了另外兩個人和他分權，數月之後，1998 年的冬天，威爾把戴蒙解雇了，兩人從此結束了 16 年的工作夥伴關係。

戴蒙在 2000 年去了一家中型銀行芝加哥第一銀行（Bank One），在戴蒙的領導下，銀行事業蒸蒸日上。摩根大通於 2004 年收購芝加哥第一銀行，其中一個原因就是想延攬戴蒙到摩根大通，2005 年底，戴蒙登上摩根大通執行長的位子。

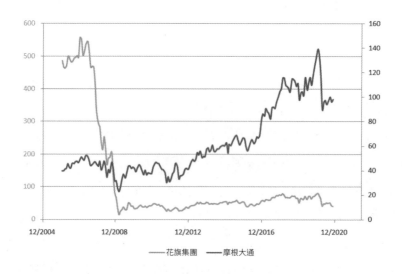

**圖表 3-4　摩根大通與花旗集團的股價變化**

倘若當年花旗集團沒有趕走傑米、戴蒙，這張股價走勢圖就會截然不同了。資料來源：彭博。

在金融危機發生前，摩根大通就已經開始建全銀行財務，建立了戴蒙所謂的「堅不可摧的資產負債表」，並且沒有大肆投資次級房貸。當 2008 年金融風暴來臨時，摩根大通是美國銀行界中最健全的銀行，而威爾建立的花旗集團則幾乎面臨破產。摩根大通在風暴中收購投資銀行貝爾斯登（Bears Stearns）和商業銀行華盛頓互惠銀行（Washington Mutual）。而花旗集團想收購美聯銀行（Wachovia），卻因為自身財務不健全，美聯銀行硬是被富國銀行搶走了。摩根大通目前是美國最大的銀行，穩坐華爾街龍頭寶座，而花旗集團已不復當年，一起一落，就因為一個恩怨、一個人──戴蒙。

　　因為戴蒙，摩根大通和花旗集團走向不同的命運，它們的股東也有著天壤之別的投資報酬率。戴蒙開始擔任摩根大通執行長的 2005 年 12 月 30 日，摩根大通的股價是 39.69 美元，花旗集團的股價是 485.3 美元，到了 2020 年底，花旗股價僅剩下 60 美元，而摩根大通已漲到 124 美元，一起一落，是 2,800% 的投資報酬率差異，所以說，執行長是投資者非常重要的夥伴。

## 人才與企業成長

　　股市的成長來自於公司的成長，公司的成長來自於人才。賈伯斯、蓋茲、貝佐斯和祖克柏四人所帶領創造出來的財富，是世界上最大的沙烏地阿拉伯油田價值的三倍以上。公司所在地能否吸收人才、培育人才，也是一個股市的指標。谷歌創始人之一謝爾蓋・布林（Sergey Brin）出生俄國，隨家人移民美國。特斯拉的馬斯克出生於南非，但他移民美國創業，除了特斯拉電動車之外，馬斯克的 SpaceX 負責運送美國太空總署的太空人進入太空。Linux 發明人林納斯・托瓦茲（Linux Torvalds）出生芬蘭，也是移民美國創業，Linux 是各大公司最喜歡用的伺服器系統。2020 年 11 月 9 日，第一個有效率高達 95% 的 COVID-19 疫苗，是由烏爾・撒辛（Uğur Şahin）的醫藥公司 BioNTech 所研發出來，他出生於土耳其，但德國培育他成為科學家。

　　相較於美國，日本和歐洲的新興企業家少多了。目前日本最有名的可能就是孫正義，他是韓裔日籍。嚴格說起來，孫正義是投資成功，而不是創業成功。1999 年，孫正義投資 2,000 萬美元買下 29.5% 的阿里巴巴，阿里巴巴是孫正義的公

司軟體銀行最大的資產。另一位年輕企業家是三木谷浩史，他創立的樂天是日本最大的電子商務公司，但他的公司正面對強大的亞馬遜的競爭，最近三木谷浩史開始擴展至電信業，希望建立以軟體為主的 5G 電信網路，他的競爭對手包括 NTT、軟體銀行等傳統電信業，成功與否，就看接下來的幾年。

分辨人是何其困難的事情，交到對的朋友都需要很長的時間，分辨好的執行長更是如此。交朋友可以從日常生活中觀察，觀察執行長就必須間接地從新聞、報章雜誌、財務報表中找線索。一家成功的公司，必定有一個好的執行長，但好的執行長並不一定能創造出成功的公司。報章雜誌也常常出錯，奇異的前執行長伊梅爾特三度被《霸榮》譽為最好的執行長之一，但事實卻不是如此。

交朋友和找到好的執行長，標準不同，朋友講求「友直、友諒、友多聞」，但執行長要的是專業知識、經營能力，以及強度破表的意志力和贏的決心。微軟的蓋茲可能是目前世界上最大的慈善家之一，充滿無限的愛心，但他年輕的時候，是個工作狂，完全不能體諒無能和懶惰，他要求員工跟著他

的步伐前進，當員工熬夜加班寫完程式，如果不能讓他滿意，他的口頭禪是：「這是有史以來最愚蠢的程式。」蓋茲的童年好友保羅‧艾倫（Paul Allen）因為趕不上他的步伐，被蓋茲踢出公司。艾倫雖然有著來自微軟的無盡財富，仍然不能原諒蓋茲，兩人一直等到年紀大了才和解。蓋茲曾說：「如果你超級、超級努力，完全不能容忍自己犯錯，那你也絕對會這樣要求別人，尤其是在你拚盡全力、全速前進的時候。」

好的人才和好的執行長不是金錢可以取代的，市場上多的是閒錢，少的是人才。台灣如果沒有張忠謀和他的團隊，就沒有台積電，台灣股市會有非常不一樣的結果。其他國家有的是錢，但卻創造不出台積電。同樣的，過去 40 年間，微軟、蘋果、谷歌、臉書、亞馬遜的產生，都是因為人才和一個成熟的市場，並不是錢的問題，好的人才和投資環境才是關鍵。

即使找到好的執行長和成功的公司，在那一個價位買入股票，又是另一個問題。分散投資時間點，可能是解決這個問題的方法。

# 給小投資者的
# 選股思考

# 第 4 章

# 長期投資好，還是短線交易佳？

　　長期投資和短線交易是兩種截然不同的賺錢方式，所需要的技術和心態非常不同，我就以兩位華爾街最成功的人物吉姆‧西蒙斯（Jim Simons）和巴菲特來說明兩者的差異。

　　巴菲特和西蒙斯都稱得上是股神、教父級的市場要角，但兩人作風完全不同。西蒙斯以短線操作為主；巴菲特則是走長線的投資者。有人問巴菲特，理想的投資期是多久，巴菲特說是「永遠」，他希望買了股票後，就放在一邊，讓股票努力地幫他賺錢。

## 短線交易之父西蒙斯

西蒙斯的公司叫復興科技（Renaissance Technology），交易是由電腦程序和市場數據來決定。我年輕時對這家公司滿懷憧憬，當時我想，如果可以靠一部電腦不斷地賺錢，那不就等於擁有一台合法的印鈔機？

復興科技旗下的大獎章基金（Medallion Fund）自 1988 年以來，平均年報酬率是 40%以上，這個基金有 100 億美元，一年可以賺 40 億美元左右，目前僅限員工可以投資。西蒙斯的公司向來保持高度機密性，所有員工一進公司，第一件事就是簽保密協定，所以外人都無法知道內部的操作。2019 年，終於有人費盡心思蒐集資料，寫了一本《洞悉市場的人》(*The Man Who Solved the Market*)，讓大家得以一窺西蒙斯成功祕訣的一小部分。

在華爾街無人不知曉的西蒙斯，曾於 1976 年得到數學界最高榮譽維布倫幾何獎（Oswald Veblen Prize，數學界的諾貝爾獎），也曾經和華裔數學家陳省身一起做學問、寫論文，共同發表了著名的陳—西蒙斯理論（Chern-Simons theory），

是名符其實的數學大師級人物。在創業之前，西蒙斯是紐約州立大學石溪分校的數學系系主任。

我原本以為西蒙斯的成功關鍵是他卓越的數學能力，讀了《洞悉市場的人》之後，我發覺得他成功的真正原因不全是數學，還有堅持。大部分和他一起創立公司的夥伴都已離開，甚至把股份便宜賣給西蒙斯。但西蒙斯堅信大數據和電腦的力量，花了近 10 年的時間，才為公司建立起穩定的獲利。

西蒙斯可說是最早的人工智慧和大數據使用者。市場上小散戶買進賣出，偶爾會造成價位不協調，復興科技便藉機賺點小錢，不用多，只要每股賺個幾分錢，積少就能成多。市場震盪愈大，他們賺得愈多，2008 年，全球股市低迷，標普 500 跌了 38%，西蒙斯的大獎章基金賺進 98%。即便 COVID-19 疫情在 2020 年擴散至全球，股市再次大跌，大獎章基金仍逆勢賺進 30%以上。只是，市場機會有限，大獎章基金只能維持在 100 億美元的規模，因此目前只開放給員工投資，至於西蒙斯另外幾檔股票基金雖然開放給一般人投資，但表現遠不如大獎章基金。

當西蒙斯賺錢的時候，必然有人賠錢，或是少賺。一般人沒有像西蒙斯一樣的黃金頭腦和電腦，很難與之競爭。這個例子告訴我們，小股東進出市場太頻繁的話，只有吃虧的份。若是學習巴菲特「長抱不賣」的長期投資哲學，大數據和人工智慧就占不了便宜。在市場上，要知道對手是誰，如果重量級的拳王要找你我打一架，大家肯定都會拒絕，但我不懂，為什麼市場上許多小散戶卻常常和重量級的交易公司競爭短線利潤。股市有人買，必然有人在賣。急著買的人多，股市漲；急著賣的人多，股市跌。有人多賺，自然有人少賺或賠錢，短線交易可以說是零和遊戲。

## 重視速度的高頻交易

　　除了西蒙斯的復興科技是市場的短線操作者，還有其他幾家也赫赫有名，比如位在芝加哥的對沖基金城堡投資集團（Citadel Investment）。我曾經在那裡上班一年，因為不願意從紐約搬到芝加哥，一年後就換工作回紐約。創辦人肯·格里芬（Ken Griffin）在哈佛大學讀書時就靠交易可轉換債券賺了不少錢，他非常重視科技。城堡投資也是短線交易的大

戶，也就是所謂的高頻交易（High Frequency Trading，簡稱 HFT）。

高頻交易的高手都非常重視速度，一旦發現有人在紐約搶買股票，他們馬上衝去芝加哥或其他交易所下手買進。為什麼他們可以衝得比別人快？芝加哥和紐約市是美國兩大交易地點，為了快速獲取資訊，有人從芝加哥到紐約拉了一條幾乎直線的光纖電纜，通訊速度較過去快了 0.015 秒。這 0.015 秒可以讓一個人買到股票，另一個人買不到，積少成多，利潤很可觀，於是每一家大型對沖基金或投資銀行都乖乖付錢租用這條線路，只因為可以快 0.015 秒。

後來又有人想了一個更快的通訊方式，那就是微波通訊，可以再快個 0.005 秒，大公司們當然加入。我在瑞銀集團（UBS）工作時，芝加哥的期貨價位就是經由微波傳過來的。連這樣小的細節，大公司都很在乎，短線交易實在不是小戶可以賺錢的辦法。亞洲有許多人短線操作外匯，瑞銀雖然沒有直接做散戶生意，但瑞銀的顧客有在做散戶生意，據說散戶大部分都是賠錢收場。這些散戶的帳戶都持續不久，好不容易存了幾千美元，交易幾個月就賠光了，也不知道為

什麼，這樣的情形不斷地發生。其實賭場和彩券也是同樣情形，明明機率不利於賭徒，人們還是絡繹不絕地玩著注定輸的遊戲。

投資者和交易者是不同的。我曾經擔任外滙和債券電子交易員，每天的進出量非常大，高達數百億美元，90%的交易量由電腦處理，平均一天可賺 50 萬美元以上，平均每 100 萬賺 10 至 20 美元。小筆的交易，比如來自日本菜籃族的散戶，利潤特別高，每 100 萬可賺 20 美元以上；而來自對沖基金的交易，每 100 萬能賺 1 或 2 美元就不錯了。對於交易頻繁的人來說，對手是誰，非常重要。

短線交易是以科技和大數據為主的市場，個體散戶很難成功，即便台灣最大的銀行也不見得占得了便宜，不單單要有錢，還要知道雇用什麼樣的員工、投資什麼樣的科技、什麼樣的數據。

市場上有很多以高頻交易為主的公司正虎視眈眈，最喜歡小散戶當日沖銷，甚至願意出錢買那些委託單流量。疫情蔓延中，有些人在家沒事，開始當日沖銷，我就看到新聞報

導說：「城堡對沖基金正在大賺散戶更加頻繁地進行當日沖銷的錢。」

## 巴菲特的長期投資哲學

巴菲特是家喻戶曉的投資者，他的孩子小時候在父親的職業欄上填寫巴菲特的職業為證券分析師。1964 年至 1965 年間，巴菲特犯了一個錯誤的投資決定：收購波克夏（Berkshire Hathaway）這家紡織公司。當時紡織業在美國一路走下坡，雖然這家公司沒賺到錢，但巴菲特成功地把公司轉型成商業集團，目前旗下有保險公司、鐵路運輸公司、巧克力公司、能源公司等等。1964 年時，波克夏的股價是 11.5 美元，在 2020 年疫情蔓延的 6 月，股價維持在 28 萬美元左右，如果你在 1964 年投資 1,000 美元，現在的價值是 2,400 萬美元，平均年投報率高達 20%。

巴菲特目前在《富比士》（Forbes）名列全球第四大富豪，財富高達 800 億美元，他其實可以更富有，但他選擇每年只領一股股票價值的薪水，所以他基本上免費為所有的股

東誠實地、認真地、有效地經營公司，他的股東實在幸運。

　　巴菲特投資的公司以價值股為主，所以投資組合裡有許多的銀行股，直到近幾年才開始投資蘋果公司，並成為他股票投資中最大筆的投資，擁有 5.7％ 的蘋果公司股票。讀者如果想知道巴菲特買賣那些股票，波克夏的 13F 季報（13F Filing，每個大型基金都需要向美國證管會提交的持股文件）都有詳細記載。

　　近幾年，價值股（比如銀行股）的表現不如成長股（比如臉書和谷歌），導致波克夏近年股價沒有 80、90 年代的表現好。此外，1930 年 8 月 30 日出生的巴菲特，身體健朗，但大家多少還是有些擔心，這可能是另一個股價不是太好的原因。

　　雖然坊間有許多關於巴菲特的書，但沒有一本是他自己寫的。如果要讀他寫的文章，最好的來源就是他每年寫給股東的信（https://www.berkshirehathaway.com/letters/letters.html），從他的信裡，讀者可以學習到他的投資分析和理念，喜歡巴菲特卻不讀他寫給股東的信，那就可惜了。

巴菲特的趣事也很多，報章雜誌常有報導，他覺得投資各種花俏的對沖基金，還不如投資標普 500 基金，因為那些對沖基金往往收取昂貴的管理費，扣除管理費後，最後到投資者的口袋裡的，還不如標普 500 基金來得實在。他在 2007 年和一些對沖基金的經營者打賭，十年後，標普 500 基金會表現得比他們好。果然，到了 2017 年，結果證明巴菲特是對的。

| | 西蒙斯 | 巴菲特 |
|---|---|---|
| 公司 | 復興科技 | 波克夏 |
| 持股時長 | 短線，小於 1 星期 | 長期，愈久愈好 |
| 受益者 | 員工 | 股東 |
| 年投報率 | 自 1988 年起，40% | 自 1964 年起，20% |
| 最高學歷 | 數學博士 | 碩士 |
| 學術成就 | 維布倫幾何獎 | 無 |
| 資訊和科技 | 大數據、電腦、數學 | 10Q 財務報表、新聞 |
| 基金規模 | 主要基金規模限制 100 億美元 | 無限制，但太大會減少投報率 |

**圖表 4-1　兩位金融巨擘的賺錢方式**

西蒙斯的公司有數個基金，只有大獎章有超過 40% 的年投報率，因基金規模限制在 100 億美元，所以只有員工可以投資。

巴菲特不太用電腦，卻是認真的閱讀者，據說他每天要讀五份報紙和五百頁公司資料，十年如一日，從不偷懶。由於網路的進步，許多上市公司的資料都很容易取得，小股東只要有心，也可以取得和巴菲特同樣的的資訊。

　　巴菲特最喜歡的一本關於投資的書是《智慧型股票投資人》（*The Intelligent Investor*），作者是他在哥倫比亞大學讀碩士的老師班傑明・葛拉漢（Benjamin Graham）。巴菲特畢業後，也曾經在葛拉漢的公司工作過。這本書是價值投資者的必讀之書。

　　巴菲特曾經說過：「投資的基本概念，是將投資股票當作投資做生意，利用市場變動，取得好的投資點，同時注意保守計算，預留安全邊際以防萬一，這就是葛拉漢教給我們的，百年後也是同樣的道理。」

　　西蒙斯的公司專注於短線交易，當他賺錢時，其他短線交易者賠錢的機會就增加；而巴菲特的投資策略，是願意用功讀資料的投資者可以效仿的。短期市場的震盪，反而給長期投資者比較好的進場時機。過去 20 年間，我真正在股市賺

錢的時候,都是股市震盪的時候,比如 2008 年金融危機時,花旗銀行的優先股(Preferred Stocks)有 38%的股息,而現在銀行的優先股,股息不到 5%。

西蒙斯和巴菲特有一個相同之處,兩位金融巨擘都是熱心的慈善家,尤其是巴菲特,他從 2006 年迄今,已捐了 370 億美元給各種慈善團體,大部分捐給他好友蓋茲的基金會。這個基金會對全球傳染病防治做了許多重大貢獻,比如說瘧疾在他們的積極處理下已漸漸減少。巴菲特也宣示,未來將把他 800 億美元的資產陸續捐出來。

當大部分的百億美元富翁忙著裝修新豪宅、蒐集藝術品,過著奢華生活的時候,巴菲特始終住在他 1958 年花了 3 萬 1,500 美元買的房子裡,每天自己開車上班,辦公室也沒有什麼特殊景觀。巴菲特不僅是投資人的典範,他的做人處事也是人們的典範。

2020 年 8 月 30 日,巴菲特過 90 歲生日時,CNBC 有一篇文章總結巴菲特給大家的投資忠告:

- Think Long Term——從長遠考量，在投資上，做長期投資。
- Stay the Course——股市震盪時，不要緊張，守住長期投資的原則。
- Marry the right person——找一個好的婚姻伴侶，不用多說，這可能比投資更重要。
- Buy the index fund——標普 500 指數基金是大多數人最好的投資選擇。
- Invest in yourself——不要忘記投資自己的知識和健康。
- Remember that money isn't everything——錢不是唯一重要的東西。

　　文章最後特別引用了一段巴菲特的話：「愛的奇妙之處是你永遠不會因為付出而失去，當你付出愛時，你會得到更多的愛，但是當你想要自私獨占時，愛便會漸漸消失。這個現象真的很奇特，當你全心全力地付出愛，你會得到十倍的愛回來。」

# 第 5 章

# 選擇價值股還是成長股？

　　有些報章雜誌談到價值股與成長股時，就像談論兩黨政治，究竟應該給民主黨當權，還是由共和黨主政？ETF 和許多基金也標榜他們的投資理念是以價值為主，或是以成長為主，希望能吸引忠心粉絲。

　　提到價值股，許多人會想到巴菲特的老師葛拉漢所寫的《智慧型股票投資人》，葛拉漢提倡用基本面分析法計算公司長期的獲利能力，進而找到公司的潛在價值。當市場價值低於潛在價值，並且低過安全邊際（Margin of Safety）時，投資者便可以開始投資。安全邊際是為了防止計算上的錯誤，比如說，100 美元是計算出來的價值，加上 30%的安全邊際，70 美元便是可以投資的價位。

一般市場上提到的價值股或是價值股指數，其實並沒有經過太多的基本分析和計算。根據谷歌搜尋的結果是，低本益比和高殖利率的股票就可以考慮為價值股。相對而言，高營業額成長率的公司就可以考慮為成長股。高成長率公司的本益比會比市場平均高，加上公司為了投資於成長，股息通常非常低，甚至完全沒有，所以低殖利率和高本益比是成長股的特徵。

在某些程度上，價值股和成長股的差別在於如何衡量公司現在的獲利率和未來可能的獲利率。究竟今天比較重要？還是未來的發展比較重要？

特斯拉電動車公司現在的獲利，遠不如通用汽車（General Motors），但特斯拉的成長率遠比通用高，所以投資特斯拉的人認為，將來特斯拉的獲利率會遠高於通用。2020 年底，通用的市值 600 億美元，年度淨利大約 60 億美元；而特斯拉的市值 6,400 億美元（通用的十倍），但年度淨利只有 10 億美元左右，投資者有興趣的是特斯拉平均每年超過 40% 的成長率。究竟是今天每年 10% 以上的獲利率重要？還是每年營業額成長 40% 重要？通用會不會重演 2009 年的破產危機？特

斯拉究竟還能快速成長多少年？電動車是未來的趨勢，市場競爭激烈，蘋果公司會不會開始生產 iAuto 和特斯拉競爭？

雅虎（Yahoo）成立於 1994 年，在 1995 年推出第一個受歡迎的網路搜尋引擎，雖然它在搜尋引擎的領先地位後來被谷歌取代，但它在網路發展的歷史上仍然扮演了關鍵角色。1995 年之前，價值股和成長股的競爭，短兵相接，差距不超過 10%。

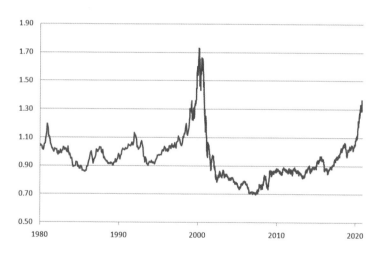

**圖表 5-1　成長股與價值股比率，高於 1 表示成長股領先**
成長股與價值股過去 40 年來互有勝負。資料來源：彭博。

1995 年以後，網路的發展吸引了許多投資者的注意力，到了 2000 年，成長股的投資報酬率大贏價值股 73%。1995 年至 2000 年可以說是成長股的天下，隨之而來的網路泡沫化，將成長股的價值腰斬。2000 年到 2008 年，價值股的表現遠勝於成長股，但金融危機之後，成長股扭轉弱勢，重新取得領先地位。過去 12 年，都是成長股當家，尤其過去 5 年，如果投資組合裡少了成長股，報酬率將遠低於市場。

　　圖表 5-1 是威爾夏大型基金（Wilshire Large Cap）成長股與價值股的對比。過去的數據很清楚，但未來的走勢呢？

## 成長股的風險不一定高

　　過去普遍的概念是成長股的風險高於價值股，但隨著科技的改變，並不能這麼以偏概全。的確，許多成長股有高度風險，尤其是那些還沒有正常獲利的新興公司，例如特斯拉電動車公司，股價在 2020 年一路狂飆，上漲七倍，但獲利率還不穩定。將這些高度的不確定性和高股價列入考慮，除非能計算出標普 500 兩倍以上的投資報酬率，否則投資者應當

謹慎。

德國 BioNTech 和莫德納（Moderna）以破紀錄的速度研發出 COVID-19 疫苗，股價在 2020 年成長三到五倍，然而，疫情過後，它們的科技可以成功應用在其他疾病嗎？這是一個未知數。不確定的未來，是主要的風險來源。

另一個風險是高漲的股價帶來的狂熱。特斯拉的高股價帶動了許多人對其他電動汽車公司的興趣，但高成長率不可能永遠持續，也不會一視同仁地發生在每一家公司。全球汽車銷售量最好的一年是 2017 年，所有公司共賣出了 8,000 萬輛。特斯拉在 2020 年大約賣出 50 萬輛車，目前第一大汽車公司豐田（Toyota）有 10% 的市場占有率（相當於 800 萬輛汽車）。如果特斯拉能持續 32% 的年成長率，10 年後將為第一大汽車公司，但之後便很難再持續 32% 的成長率。同時，市場上還有許多其他的電動汽車公司，這些公司能夠和特斯拉一樣成功嗎？

2020 年底，特斯拉股價 705 美元，公司市值 6,680 億美元。因為特斯拉的高風險，假設我們希望每年能有 11% 的

投資報酬率，10 年後，特斯拉的市值必須達到 1 兆 8,970 億美元才能符合我們的要求。假設 10 年後特斯拉的本益比是 20，代表特斯拉每年有 950 億美元的淨利。以賣出 800 萬輛車來計算，特斯拉必須從每一部車賺到稅後淨利 1 萬 2,000 美元才能符合我們的要求。根據 2020 年的利潤，特斯拉目前每部車的利潤大約是 2,400 美元。太多太多的假設，10 年後才能知道這些假設是否成真，這是高成長的風險。

成長股並不是都有高風險，看看蘋果公司和微軟的風險如何？市場上有一個衡量風險的單位 Beta，指的是一家公司相對於標普 500 指數的風險，Beta 值等於 1，代表股票的風險與整體市場相當，低於 1 代表低風險，高於 1 代表高風險。計算方法很簡單，把公司股價變動的標準差，除以市場指數變動的標準差，大部分公司 Beta 值都在 1 以上。特斯拉的 Beta 值是 1.5，代表特斯拉的風險是市場的一倍半。蘋果公司的 Beta 值是 1，微軟的 Beta 值只有 0.9，巴菲特投資的一家科技公司威瑞信（VeriSign）的 Beta 值只有 0.8。這代表蘋果、微軟和威瑞信的風險其實低於大多數的公司。這個結果是合理的，雖然蘋果、微軟和特斯拉都是成長股，但蘋果和微軟的獲利率穩定，市場占有率也穩定成長。

銀行和保險公司通常被認為是價值股，但以 Beta 值來看，美國銀行（Bank of America）的 Beta 值是 1.25，安達集團（Chubb）的 Beta 值是 1.08，兩者都高於蘋果公司。不管投資什麼公司股票，風險是必然要考慮的，第 8 章還有更多關於風險的討論，Beta 只是一個參考值，投資者還是要有自己的判斷，這裡的重點是，成長股和價值股都有風險，成長股的風險不一定高於價值股。

## 價值的陷阱

投資價值股時，最怕的就是跌進陷阱，投資市場甚至為此取了一個名字叫價值陷阱（value trap）。仔細想想，類似的陷阱其實在成長股也可能有。一味地深信公司可以每年成長 30%，天真地以為這就是下一個微軟或第二個臉書，當相信的人持續增加，股價就會上漲；當相信的人開始減少，股價便開始下跌。跌到某個程度，再也沒有人相信時，投資將血本無歸。在投資的過程中，無論是成長股或是價值股，陷阱處處可見，努力做功課才是要務。

投資價值股的人，大多以低本益比為判斷的依據，在2000 年後，中國市場崛起，吸引全球投資者的目光，但投資中國的股票有困難，有些中國公司便開始在美國借殼上市，買下一家不值錢、甚至停擺的小公司的所有股權，然後利用那家公司的股票在市場交易。這樣的方法可以讓那些中國公司省下很多麻煩的上市相關審核。2010 年左右，為了搭上中國快速成長的順風車，我看上了兩家公司，一家是中國鑫達，另一家是中國閥門。鑫達從事化學原料生產，以汽車工業為主要顧客；中國閥門的產品用在基本建設上，是連接各種管線必要的零件。兩家公司的成長率都超過 10%，本益比不到5，從價值的角度來看，這真是廉價股票。

　　兩家公司還有其他相同處，雖然帳面有淨利，但它們都不支付股息，會計稽查都是由名不見經傳的當地小公司來做，真實性堪慮。再看看現金流，公司似乎總是缺乏現金。兩家公司的股價在 2010 年時大約在 4 到 5 美元。2020 年，中國閥門不知道什麼時候已經從市場上消失了，鑫達的股票還在，因為摩根士丹利（Morgan Stanley）的投資，股價曾經一度上漲到 12 美元，但今天股價只剩下 1 美元。

我花了錢學到的經驗是：首先，犯錯是難免的，知道自己犯錯時，必須快速認錯，止損賣出。第二是會計稽查的重要，沒有好的會計稽查，數據無從相信。第三是不要隨便搭順風車，好好從基本資料做分析比較實在。第四是要注意細節，為什麼這兩家公司不敢經過美國上市審查的過程，而是選擇走後門。第五，就算大型投資公司如摩根士丹利也會犯錯，當鑫達上漲時，我先賣掉了一部分，最後才得以幸運地全身而退。

　　另一個用來篩選價值股的標準是帳面價值，它代表的是公司的資金和過去沒有發給股東的盈餘。從會計角度來說，帳面價值代表公司所有資產減去所有負債，再除以所有股票總數。理論上來說，當帳面價值大於市場價值時，是一個買點。但雷曼兄弟在倒閉之前，帳面價值遠大於市值，但並不是一個買點，而是陷阱。

　　中國鑫達現在的帳面價值 12 美元，股價只有 1 美元，鑫達很大部分的帳面價值是賣不出去的存貨，公司市值只有7,000 萬美元，存貨高達 6 億 4,000 萬美元，現金流通不順。你想，這是陷阱，還是買點？

## 不容忽視的無形資產

提到成長股，就一定要談科技股，談起科技股，就不能不講講無形的資產。有形資產是大家可以看得到、摸得到的東西，傳統觀念以為那才是真的。隨著科技的進步，人們從工業時代走進數位時代，無形資產愈來愈重要。

2020 年 11 月的《經濟學人》有一篇關於無形資產的分析報導，文中指出，由於無形資產的投資增加、重要性增加，投資者在分析價值時，應適當地將無形資產列入考慮。雖然目前的會計系統仍無法有效計算無形資產，然其重要性是不容忽視的。

有形資產包括建築物、機械設備；無形資產指的是軟體、制度、專利。有形資產需要維修，無形資產也需要，但相對便宜。

微軟大部分的資產是軟體，是無形的，股價 220 美元，其中只有不到 16 美元的帳面價值是有形的，其他 93% 是無形的。微軟每年要花錢研發、升級軟體，一來可以漲價，二

來可以開發新市場。每多賣一份軟體，幾乎全是利潤，連運輸費都不需要。

高通（Qualcomm）更是如此，高通的主要資產是專利，股價 147 美元，帳面價值只有 5.4 美元，96％以上的資產是無形的，維持專利的費用還是需要，主要用於打官司。世界上每賣出一支手機，不管是哪一個牌子，高通都要收取 10 到 20 美元的費用。

台灣最大的企業台積電也是如此，新台幣 500 元的股價中，只有 69 元是有形的帳面價值。台積電要維持領先優勢，重點絕不在於有形的建築物，而是專利、先進的製程，以及能留住人才的環境和有效率的經營團隊。

可口可樂雖然不是科技公司，但其資產大多也在於無形的商譽，大熱天口渴的時候，人們總想來一瓶可樂。可口可樂股票每股 52 美元，帳面價值每股 4.3，其他 48 美元的價值在品牌知名度和商譽。許多公司也都有不同程度的無形資產，製藥公司就是個明顯的例子。

一家公司如果有高百分比的無形資產，另一個附帶現象便是高毛利率。無形資產的維護費單純且固定，不會因為多賣一份就需要高一點成本，所以一旦成功開發出市場後，利潤接踵而至，而且利潤的成長往往高於營業額的成長。例如谷歌的搜尋引擎功能，大家用得愈多，它便愈有價值，不像機器用久了會壞。所以說，帳面價值的重要性依公司而不同，投資者必須考慮有形和無形的資產，以公司的持續獲利率為衡量股價的標準。會計師至今仍沒有一套有效的方法來計算無形資產，只有當一家公司購買另一家公司時，若購買價高於帳面價值，就將多餘的部分歸在商譽和無形資產的項目裡。

　　人生似乎也是如此，如果把人生想成經營一家公司，在這一生建立有形和無形的資產，有形的是錢、房地產，而無形的是親情、愛情、友情等等。我曾有機會每週搭乘私人飛機從紐約到芝加哥上班，灣流航太公司（Gulfstream）的私人飛機真的很棒，機上的餐飲都來自五星級飯店，這樣看似奢華的享受，我還是寧願有多點時間待在家睡覺，留在紐約看孩子打球。凱恩斯說過：「長期來說，我們都將逝去。」（In the long run we are all dead.）臨去前，我們帶不走任何有形的財富，而無形的財富會給我們微笑、溫暖和安祥。

## 成長永遠是計算價值的一部分

如果投資者可以把有形的和無形的資產一併考慮，把成長率算進未來的獲利，其實同樣的投資法則可以用在價值股與成長股。巴菲特是最有名的價值股投資者代表，但他目前最多的股票放在蘋果公司，而蘋果是典型的科技成長股代表。巴菲特在他 1992 年寫給股東的信提到，硬性地劃分價值股和成長股是不對的想法，「兩者是相連的，成長永遠是計算價值的一部分。」

那麼我們如何利用對無形資產的了解，來分析成長股的價值？以微軟為例，因為雲端科技的發展，微軟從一個穩定成熟的公司再度燃起成長的潛力，股價從 2016 年的 50 美元，漲到 2020 年底的 220 美元，本益比也跟著股價上升到 37.5（2020 會計年度）。

大家都知道，微軟是以軟體為主的公司，軟體的發展需要時間，不是馬上寫、馬上用。我們大膽假設，今年研發的軟體，明年使用；而今年使用的軟體，是去年研發的。微軟在 2019 年度的研發費是 169 億美元，2020 年度的研發費是

193 億美元，增加了 24 億美元。微軟在 2020 年度的淨利是 443 億美元，如果按照我們的假設，其實 2020 年的淨利應該是 467 億美元，所以實際本益比較傳統方法計算出來得低。按照這個假設，微軟的本益比是 35.6。如果我們再進一步假設，微軟將在 2021 年度淨利成長 16%，以目前 220 美元的股價，其前瞻本益比（forward PE）大約在 30 左右，而不是 37.5。

用同樣的方式來看臉書。臉書 2020 年稅後淨利估計是 270 億美元，如果調整研發費，從 2019 至 2020 增加的 35 億美元，臉書的調整淨利為 305 億美元。以 267 美元的股價計算，臉書的市值是 7620 億美元，本益比大約是 25，而不是 28。假設臉書在 2021 的淨利會成長 14%，臉書的前瞻本益比大約是 22。

成長和利潤就像一家公司的兩條腿，需平衡並進，並且隨著市場做調整。幾乎所有大公司都曾經過一段成長期，也終將會進入成熟期。成長是為了將來的獲利，而獲利可以用於投資成長、擴大企業版圖。風險則是每個公司都會面對的，並不會因為是某個類型的股票而消失。

# 第 6 章

# 股票基本分析要看什麼？

　　在分析股票的方法上，一般分為兩大類，一是基本分析，另一則是技術分析。基本分析是以財務資料和市場分析為基礎，從企業經營的角度來看公司現在和未來的獲利表現。技術分析著重在股票價格的波動，希望經由過去的價格，預測未來的價格。善用技術分析的人，認為價格本身已經反映了所有的資訊，因此以價格來預測股票的走勢就足夠了。

　　本書著重在基本分析，不談技術分析的原因有三：一、簡單的技術分析，如 200 日或 50 日均線早就被大家炒熟了，不能提供投資者特別的利益；二、新的技術分析往往結合基本數據，背後需要許多即時資訊，這是大數據的科技，一般小股東並不具備；三、成功的技術分析掌握在少數的對沖基金手裡，小股東不是對手，偶爾的幸運經不起長期考驗，小

股東必然失利。技術分析不是小股東的長處，反觀將基本分析用於長期投資，對沖基金和大型投資公司就得不到特別的好處，認真研究的小股東可獲得應有的利潤。

## 重要的獲利指標：每股盈餘

假設你的朋友投資 100 萬現金開了一家公司，發行了 1 萬股的股票，公司的權益就是 100 萬元，每股帳面價值為 100 萬元除以 1 萬股，等於 100 元。

- 第一年
流通在外股數（total outstanding shares）＝ 1 萬股
權益（equity）＝ 100 萬元
每股帳面價值（book value）＝ 100 元

經營一年後，公司生意不錯，第二年營業額達到 120 萬，不過，扣除成本、費用，公司還是賠了 20 萬，淨利為負 20 萬，每股盈餘為淨利除以股數，是一個很重要的獲利指標。

● 第二年

流通在外股數＝ 1 萬股

淨利（net income）＝－ 20 萬元

每股盈餘（earnings per share，簡稱 EPS）＝－ 20 元

權益＝去年權益 100 萬元＋（－ 20 萬元）＝ 80 萬元

每股帳面價值＝ 80 元

如果這時候朋友找你投資，每股賣給你 100 元，比帳面價值高出 20 元，值得嗎？其實這時候帳面價值沒那麼重要，反而要考量公司薄利多銷的做法有沒有帶來好的商譽？將來會不會賺錢？賺多少？

## 什麼是本益比？

又過了一年，營業額持續成長達到 200 萬，扣除所有成本、費用和稅務，淨利有 30 萬，公司決定繼續擴充，因此將所有利潤留在公司（大部分高科技公司開始時都是如此），留在公司的淨利就叫保留盈餘。

- 第三年

流通在外股數＝ 1 萬股

淨利＝ 30 萬元

每股盈餘＝ 30 元

股息（dividend）＝ 0 元

保留盈餘（retained earnings）＝ 30 萬元

權益＝去年權益 80 萬元＋保留盈餘 30 萬元＝ 110 萬元

每股帳面價值＝ 110 元

如果這時候朋友願意每股賣給你 150 元，比帳面價值貴 40 元，值得嗎？除了考慮帳面價值之外，更重要的是這個朋友值不值得信任，公司的未來獲利率如何？公司帳務可不可信？

另一個常用的股票價值分析的數據是本益比，為股價除以每股盈餘：

本益比（PE ratio）＝股價 150 元 ÷ 每股盈餘 30 元＝ 5

美國股市的平均本益比在 15 到 20 之間，低於 15 的時候，

通常是買進的時機。對個股來說，高本益比不表示貴，低本益比也不表示便宜或可以買，本益比是歷史的數據，通常是現在的股價除以過去一年的每股盈餘，有些公司一年不如一年，所以本益比雖低，買進來還是令人擔心。歷史數據可以參考，但還是要從整體來看，光看一年是不準的。有些股票本益比高，但每年盈餘繼續成長，所以未來的本益比會逐年下降。如果本益比達到 5，外加高成長率，那便是求之不得的好機會，但也要看數據值不值得信任。

## 什麼是殖利率？

公司在第四年繼續成長，營業額達到 250 萬，淨利成長至 40 萬，朋友從淨利中撥出 10 萬給股東，平均每股拿到 10 元。

● 第四年
流通在外股數＝ 1 萬股
淨利＝ 40 萬元
每股盈餘＝ 40 元
股息＝ 10 萬元

保留盈餘＝ 30 萬元

權益＝去年權益 110 萬元＋保留盈餘 30 萬元＝ 140 萬元

每股帳面價值＝ 140 元

這時，你再問朋友，如果想買公司的股票，現在一股多少？他說其他朋友也想入股，願意花每股 250 元買進。市值就是股價乘以所有股數，也可以說是市場認為這家公司的價值。殖利率（Dividend Yield）則是每股股息除以股價。假設股價為每股 250 元：

市值（market value）＝股價 250 元 × 1 萬股＝ 250 萬元

殖利率（dividend yield）＝每股股息 10 元 ÷ 股價 250 元＝ 4%

本益比＝股價 250 元 ÷ 每股盈餘 40 元＝ 6.25

股價從去年的每股 150 元升至 250 元，成長 67% 有三個因素：一是今年的保留盈餘 30 萬，占去年市值的 20%；二是淨利由 30 萬成長至 40 萬，成長了 33%；三是本益比增加，從 5 升到 6.25，成長了 25%。

當你買一支股票，如果本益比增加，一般也代表市場對股票的需求增加，股價會因此而上漲。

## 股息或股票回購的重要性

新上市的科技公司通常不發股息，原因是新科技公司需要充足的資金才能快速成長。如果一家公司每年營業額可以穩定成長 20%以上，我可以了解不發股息的理由；但如果一家公司成長停滯，又發不出股息，也講不出為什麼要留下賺來的利潤，那麼股東們可能要研究一下現金流。

在經營學裡，有一個理論是不要給公司經營者太多現金支配的空間，因為經營者手邊如果有太多現金，可能會投資在低報酬的計畫，長遠來說不是一件好事。公司的執行長是股東們雇來的經營者，雖然小股東投資金額不高，但這個事實還是不變。

有些公司雖然不發股息，但經營者會以收購公司的股票來回饋股東，也可以說經營者決定投資公司的股票，其實這

是更好的回饋股東的辦法。每當公司收購自家的股票，原來的股東將可以分到更多公司未來的利潤，而且暫時不須繳稅，如果股東需要現金來付擔退休費用，可以選擇賣掉股票換現金，效果和股息一樣，甚至稅率可能會低一些。

有些公司既發股息，也回購公司股票，比如摩根大通於2019年回購了價值67億美元的自家股票並發放28億的股息。在2010年底，摩根大通總股數是39.1億股，到了2019年底，總股數降至30.8億股，每一股的實值權益增加了27%。換一種方式解釋，在2010年時，投資者需要擁有3,910萬股的股票，才能擁有0.1%的摩根大通銀行，而在2019年時，3,080萬股就相當於0.1%的摩根大通銀行。

## 什麼是企業價值？

再回到朋友的公司。朋友為了擴充營業，需要資金，但不想賣股票，另一個募集資金的方法是借貸。小公司只能向銀行借錢，大公司可以發行公司債券，依公司財務狀況不同，債券的利率也會不同，美國公司債有 AA、A、BBB、BB 等等

不同的信用等級，信用好的利率會比較低，信用不好的，就得多花利息錢。

朋友借了 50 萬，新的資金使公司繼續成長，營業額增加至 300 萬，淨利也隨之成長至 50 萬。為了公司營運，朋友決定將所有淨利留在公司。

你已經錯過四次投資機會，你非常不好意思地再度詢問現在股價多少，朋友說他去年賣出了一些股票，每股 250 元，既然你是好朋友，他願意同樣以每股 250 元賣你。

● 第五年
流通在外股數＝ 1 萬股
淨利＝ 50 萬元
每股盈餘＝ 50 元
股息＝ 0 元
保留盈餘＝ 50 萬元
權益＝去年權益 140 萬元＋保留盈餘 50 萬元＝ 190 萬元
每股帳面價值＝ 190 元
市值＝股價 250 元 × 1 萬股＝ 250 萬元

企業價值（enterprise value）＝市值 250 萬元＋債務 50 萬元－現金 0 元＝ 300 萬元

（簡化起見，假設現金為 0）

等了這麼多年了，股價從 100 元漲到 250 元，你還是難以決定。為了謹慎起見，你要求看公司的財務報表，朋友說沒問題，他可以請他姐姐隔幾天給你，原來朋友是請姐姐的會計公司來處理財務報表。

## 從財務報表看經營問題

在美國，突然停發股息是一件大事，一般代表公司現金周轉有問題，股價會大跌。財務報表中有一個現金流量表，現金是最難造假的。如果朋友開的是燈飾店，好賣的流行燈飾都賣完了，剩下的都是些不流行、沒人要的燈飾，沒賣出去，好像沒有賠錢，但實際上，公司營運已面臨嚴重的考驗。

第二個問題，一般美國公司的財務報表必須經過有信譽的審計來鑑定一切合乎會計準則，大公司通常找四大會計公

司以確保公信，即使如此，都還是有出錯的時候，比如奇異公司就是一例，它更改了一些會計細節，股價從 30 美元漸漸跌到現在的 7 美元。朋友的公司由姐姐的會計公司做報表，不知道可不可信？

第三個問題，在這個例子中，再投資和淨利成長不成比例。公司賺錢卻不發股息，目的是再投資，用來買機器或擴充店面等等，第五年除了留下淨利，還借了 50 萬，但淨利只成長 10 萬，如圖表 6-1。

以上只是講故事，不過，我曾經投資朋友的公司兩次，第一家公司開始於網路剛興起的 1990 年代，朋友們放棄了華爾街高薪，創業投入網路科技，經過 20 多年的努力，很遺憾

| | 第三年 | 第四年 | 第五年 |
|---|---|---|---|
| 再投資 | 30 萬 | 30 萬 | 100 萬 |
| 當年淨利 | 30 萬 | 40 萬 | 50 萬 |
| 淨利成長 | 10 萬 | 10 萬 | 10 萬 |

**圖表 6-1　虛擬公司的財務資料**
再投資的投資報酬率逐年遞減，不是一個好現象。

地在 2019 年底公司面臨解散。第二家是醫療器材，也是抓對了大方向，公司還在，但每隔幾年就增資，顯然資金不足，現金流是負的，股價自然也是一年不如一年。

## 帳面價值重要嗎？

帳面價值對銀行業、保險業和大型投資集團是重要數據，可以衡量一家銀行是否有足夠的資本額，但並不表示帳面價值高的就是好銀行，低的就不好。相反地，高股價淨值比（price book ratio，簡稱 P/B ratio）往往代表銀行經營成功，低股價淨值比可能代表有潛在的問題。公司與公司之間的比較，光看帳面價值是不能下結論的。

對大部分的公司，帳面價值並不重要，大家都知道近年來成長最快的公司有微軟、臉書、蘋果，而美國航空（American Airline）則因疫情面對生存危機。我們看看它們的帳面價值和股價的差異，見圖表 6-2。

帳面價值有兩種定義，一種是直接按照會計資產負債

表的權益來計算，如果一家公司併購其他公司，這種算法會將併購公司的無形資產，如商譽等一起算入。另一種算法則是扣除無形資產，只用有形資產計算，稱為有形帳面價值（tangible book value），在銀行股來說，這是一個重要的財務指標。

對銀行或房地產之類的公司，帳面價值是參考資料，經營比較好的銀行，股價淨值比會高一些。理論上來說，銀行的交易價格一般會高於有形帳面價值，如果低於有形帳面價值，可能原因有：一、市場賣壓，可能是買的時機；二、銀

| 公司 | 股價 | 帳面價值 | 股價淨值比 |
|------|------|----------|------------|
| 微軟 | 201.91 | 15.09 | 13.4 |
| 臉書 | 242.24 | 36.94 | 6.6 |
| 蘋果 | 366.53 | 18.14 | 20.2 |
| 達美航空 | 29.64 | 22.43 | 1.3 |
| 美國航空 | 12.20 | 22.99 | 0.5 |

**圖表 6-2　各公司的股價淨值比**

2020 年 6 月 23 日資料，單位為美元。好的公司往往股價淨值比也較高。美國航空因疫情影響，獲利受損、資金嚴重短缺，所以股價淨值比偏低。資料來源：彭博、各公司網站。

行呆帳，可能有財務問題；三、獲利率低，銀行有效率上的問題。

　　經營完善的銀行，只有在經濟蕭條或金融危機時，才會以低於有形帳面價值的價格交易。這些資料網路上都可以找到。

　　由圖表 6-3 不難發現，摩根大通是目前美國銀行界的龍頭，自從戴蒙擔任執行長以後，公司股價的成長大大地超越其他銀行，好的執行長是公司成長的關鍵。

| 公司 | 股價 | 帳面價值 | 股價淨值比 | 有形帳面價值 |
|------|------|----------|------------|--------------|
| 摩根大通 | 97.93 | 75.73 | 1.29 | 57.84 |
| 美國銀行 | 24.79 | 27.84 | 0.89 | 19.89 |
| 花旗集團 | 52.95 | 83.75 | 0.63 | 70.27 |
| 富國銀行 | 27.23 | 39.39 | 0.69 | 30.24 |

**圖表 6-3　銀行股的股價淨值比** ─────────────

2020 年 6 月 23 日資料，單位為美元。目前摩根大通被認為是經營最好的銀行，所以股價淨值比高於其他銀行。資料來源：各銀行網站的財務報表。

## 三大財務報表

　　美國政府要求上市公司必須依通用會計準則，每三個月向投資者報告公司經營的績效。各公司的財務報表必須經過獨立的會計公司認證，雇用有信譽的獨立會計公司可以增加公司的信任度，但若獨立的會計公司是親朋好友擁有的，可信度則要三思。

　　三大報表包括資產負債表、損益表和現金流量表。資產負債表列出公司資產和負債，現金有多少，存貨有多少，工廠土地設備有多少等等。依比例計算，股東是這些資產的擁有者。資產負債表也可以看到公司資金的來源，多少錢是經由股票上市來的，多少錢是借來的，多少錢是賺來的。公司賺錢但不發給股東，就會被算為保留盈餘。當公司破產時，債權人（包括銀行和債券擁有人）便成為公司的新主人。

　　損益表包括公司收支狀況，賣出多少錢的商品，商品的成本多少，毛利淨利如何。高利潤的公司成本低、毛利高，往往賣 100 賺 50，成功的科技公司如蘋果和谷歌便是一例。低利潤的公司拚命生產，進出量大，成本高、毛利少，一旦

經濟不景氣，利潤便會受到打擊，電子產品代工的行業如鴻海便是如此。

現金流量表交待現金的流通，收益容易造假，貨賣不出去，留有庫存，看起來賺錢，其實瀕臨危機。但現金就不容易造假，公司定期發放股息，股息的現金從那裡來？好的公司，股息是因為公司賺錢，而且賺的是真真實實的錢，所以有錢發放給股東，蘋果公司便是一例。有些公司為了面子，執行長為了保住自己的大位，借錢發股息，奇異公司在伊梅爾特的時代便是如此。損益表可以說謊，但現金流量表講的是實實在在的現金流通。

## 什麼是 A 股、B 股？

中國的股票，A 股是國內市場，以人民幣交易；B 股是以外幣交易，外國人可以購買。美國股票倒沒有分本國人或外國人，但有些公司還是有不同等級的股票，差異主要在於投票選公司董事的權利不同，但經濟利益是相同的。比如臉書股票也分 A、B 兩種，一般人買的是 A 股，臉書執行長祖

克柏擁有的是 B 股，B 股的投票權是 A 股的十倍。Discovery 公司的股票更複雜，有 A、B 和 K 的不同。A 股（股票代碼 DISCA）每股一票投票權，B 股（股票代碼 DISCB）每股十票，而 K 股（股票代碼 DISCK）不能投票。投票權多的，股價相對高一些。谷歌的股票也分 A、B、C 三種，A 股有一票投票權；B 股是公司創辦人擁有，每股有十票投票權，市面上買不到；C 股沒有投票權。

當一家公司的股票有不同的投票權，往往是因為某些股東希望控制公司的董事會，這樣的公司不利於其他公司收購合併，所以一般不利於股價。

## 公司的「護城河」

巴菲特提到如何選擇好公司、好股票時，其中一個重要關鍵在於公司是否有「護城河」（moat）防守，他說：「最重要的是找到一座富強的城堡，堡主童叟無欺，城堡四周有河面寬廣、經久難攻的護城河環繞。」

假設每家公司都是獨立的城堡，可以在城堡做生意賺錢，競爭者則想要攻破城堡來搶生意，如果城堡周圍環繞著一條河面寬廣、經久難攻的護城河，競爭者打不進來，城堡便可以持續地享受經濟利益。有人認為，巴菲特的護城河其實就是管理學上所謂的競爭優勢（competitive advantage），公司以此來保持市場的領先地位。

競爭優勢會隨著時空而改變，並非永恆不變。英特爾（Intel）的晶片帶動個人電腦起飛，在 1980 年代，英特爾的市值大於蘋果和微軟的總和許多倍，那時谷歌和亞馬遜都還沒出生，想要在個人電腦的領域生存，就必須仰賴老大哥英特爾。當時，英特爾的晶片是個人電腦的靈魂。曾幾何時，因為橫向和縱向的整合，雲端科技和晶片代工的蓬勃使得英特爾的優勢不再，蘋果已率先自行生產 Mac 的晶片，微軟和亞馬遜也正自行研發晶片，1980 年代想像不到的事情現在發生了。

要找到一家公司具備優異且持久的競爭優勢，並且買在合理的價位，當然不是一件容易的事。投資者可能要讀許多公司的資料，並且耐心等待下一個股市危機入市。2020 年

3 月，疫情重挫了美國股市，臉書股價曾跌破 140 美元，微軟股價曾跌至 130 美元，臉書和微軟目前都有著很好的護城河，但決定他們的護城河是否持久的因素是什麼？價位到哪裡才算是合理？這是投資者要認真做的功課，也是投資分析中最重要的一件事，而財務數據只是幫助投資者做分析判斷。

至於什麼行業是未來的趨勢？這需要判斷能力，好的行業加上好的執行長，便是如虎添翼。高通創辦人歐文‧雅各布斯（Irvin Jacobs）在 1990 年代就預見了數位無線網路時代的來臨。現在人人都知道 5G，但 30 年前極少數的人能夠預測到，更不用說投資了。雅各布斯的專業和決心，使高通成為數位無線通訊的最大專利提供者。

## 知識就是力量

經過多年後，我才了解分析個股最重要的工具是基本會計學。如果以投資標普 500 指數基金為主，那麼基本經濟學和財務學可能是最重要的。

股市反映整體經濟的好壞，經濟成長終將帶動股市向上，經濟危機也必將影響股市獲利。一般而言，股市反映的是未來 6 至 12 月的經濟狀況，而不是過去的歷史數據。投資者必須向前看，了解經濟走向，選擇有利的投資點，不輕易掉入恐懼的陷阱。然而預測未來是極為困難的一件事，這個不確定性也反映在股價的波動上，建議投資者以長期投資的心態，減少短期股價波動所帶來的焦慮。

# 第 7 章

# 股息貼現模型的限制與延伸

　　股息貼現模型（Dividend Discount Model，簡稱 DDM）是金融教科書必提的計算股票價值的方法。基本上是將所有未來的股息折現，計算現在應該有的股票價值。就如同大多數的公式一樣，過於簡化，因此無法準確地估計股價；也可以說這個公式需要的輸入資料，有太多不確定性，所以無法準確地估計股價。但這個公式和大多數的公式一樣，可以幫助思考，成為投資評估的一部分。

　　當一家公司賺錢的時候，經營者有兩種方式回饋投資者：一是股息，公司支付股息給股東；二是股票回購，也就是公司收購自己的股票，經由收購股票，每股未來獲利將依比例增加，未來股息也會依比例增加。許多高成長的公司將盈利再投資，所以不支付股息，但是當公司成長到某個程度後，

盈利高於再投資的需求，公司便開始支付股息。

微軟成立於 1975 年，於 1986 年股票上市，當時分股前的上市價為每股 21 美元，經過九次分股，1986 年調整分股後的上市價是 0.07 美元。微軟直到 2003 年才開始發每季股息 0.08 美元，第一次的股息就超出當年上市股價。到了 2020 年底，每季股息已經增加至 0.56 美元，股息年成長平均 12%。微軟自從上市後，經過多次分股，如果有人在 1986 年買了 100 股微軟，然後持股不賣，現在那 100 股就會變成 3 萬股。

股息是現金，扎扎實實的現金，公司以最直截了當的方式回饋投資者。摩根大通 2020 年每股每年配息 3.6 美元，依 10 月份的股價 100 美元，股息殖利率是 3.6%。如果投資者投資 100 萬美元買摩根大通的股票，一年可以拿到 3 萬6,000 元。除此之外，好的公司會每年穩定地增加股息。摩根大通 2000 年每年股息是 1.23 美元，過去 20 年間，公司經歷了 2000 年的網路泡沫、2008 年的金融危機、2020 年的 COVID-19 疫情，股息仍然成長了三倍，平均每年成長 5.5%。

## 計算貨幣時間價值

　　高中時學的幾何數列，雖然當時不懂有什麼用途，但覺得挺有趣的。後來讀金融學時，第一章就是「貨幣時間價值」，因為錢可以經由投資賺錢，今天的一塊錢比明年的一塊錢有價值，其中的差別就是複利。貨幣時間價值的基本公式如下：

折現價值 ＝ 1 美元 ÷ $(1 + r)^N$

　　代表 N 年後的 1 美元在今天的折現價值，r 是折現的複利。如果把這個公式擴展到未來股息的折現，就是股息折現模型。假設一家公司，今年底的股息是 a，每年股息成長率是 g，那麼這家公司的股價 S 應該多少？

$$S = \frac{a}{1 + r} + \frac{a(1 + g)}{(1 + r)^2} + \frac{a(1 + g)^2}{(1 + r)^3} + \cdots\cdots + \frac{a(1 + g)^N}{(1 + r)^{N+1}}$$

　　如果股息成長率 g 永遠大於折現的複利 r，當 N 又是無

限大的時候，以上的公式就無法計算，這也符合現實，長期的股息成長率不會大於折現的複利。但如果 g 小於 r，而 N 是無限大，以上的公式就可以減化為：

$$S = a \div (r - g)$$

這說明了股息年成長率愈高，股價愈高；股息愈高，股價愈高；但折現複利率愈高，則股價愈低。

從另一個角度來看，折現複利率 r 可以理解為投資者所要求的投資報酬率。股價 S 是已知數，投資者也知道目前的股息，雖然未來的股息成長率未知，但我們可以用過去幾年的股息成長率來估計未來的成長速度，由此投資者可以估計股票未來的投資報酬率。把公式左右移動一下：

$$r = a \div s + g$$

代表估計投資報酬率＝股息 ÷ 股價＋股息成長率，即殖利率＋股息年成長率。如果估計投資報酬率高過投資者所希望得到的投資報酬率，那麼投資者就應該買進。

另外要注意的是，股息年成長率應以長期來看，並且股息的成長不同於營業額的成長或獲利成長。一般公司希望維持穩定的股息和股息成長率，所以不會因為短期獲利高低而調整。

舉例來說，美國最大銀行摩根大通，目前股息每年 3.6 美元，如果將來仍能持續過去 20 年平均股息年成長率 5.5%，依 2020 年 9 月的股價 95 美元來計算，摩根大通的長期投資報酬率為：3.6 美元 ÷ 95 美元＋ 5.5%＝ 9.3%。

但如果以 2020 年 12 月的股價 120 美元來計算，因為股價上漲，未來投資報酬率降為 8.5%。這些投資報酬率的估計都是建立在一個很大的假設上，即假設摩根大通每年的股息成長率是 5.5%。

從 2012 年至 2020 年，摩根大通的股息年成長率將近 15%。2008 年至 2020 年的股息年成長率是 7.4%，這段期間經歷了經濟大蕭條之後最嚴重的金融危機，摩根大通於 2009 年將股息從 1.52 美元砍到 0.20 美元。2020 年受到 COVID-19 疫情影響，獲利率降低，但摩根大通仍然維持 2019 年的股

息，現在就看摩根大通能不能迅速地在疫情後恢復股息年成長率。如果整體經濟穩定恢復，摩根大通的執行長也繼續經營公司的話，回到 5.5%的股息成長率應該不是問題。

這個公式告訴投資者的另一個重點是，殖利率和股息成長率同樣重要。摩根大通和微軟都是好公司，摩根大通的殖利率比微軟高，但微軟的股息成長率比摩根大通高，投資者在做決定時，必須將兩個因素都列入考慮。

## 股息的來源和不確定性

一般來說，股息應該來自公司的淨利，而且淨利的大部分是現金。微軟 2020 年的淨利是 443 億美元，營運產生的現金收入更高達 600 億美元，摩根大通也類似如此，儘管如此，這些公司的股息支付率（dividend payout ratio，簡稱 DPR）遠低於 100%。股息支付率代表公司將多少百分比的淨利以股息的方式回饋股東，留下來的淨利可以用於再投資，擴展公司的業務，或是用來買回公司的股票，這樣繼續持有股票的股東未來有機會獲得更多的股息回饋。

然而一些走下坡的公司並非如此，比如過去 15 年的奇異公司，雖然有帳面上的淨利，現金收入卻遠不如淨利，為了付出股息，只能借錢，等到市場發現公司的漏洞時，奇異就必須做出痛苦的決定，賣掉一些子公司換現金，並且減少、甚至停止發放股息。對於借錢付股息的公司，投資者購買前應審慎評估。

　　如果投資者以年為時間單位，每年的獲利可以從三方面取得：一是淨利成長，二是本益比增加，三是股息。雖然長期來看，股息是最終的決定因素，但短期如一年來說，淨利的成長和本益比的變化對股價更有影響。淨利成長，將來可以分發更多的股息；本益比增加，則是因為大家覺得淨利有更多的成長空間。股價上漲是紙上的獲利，但股息是每季發放，細水長流，直接入帳，所以投資者可以在不賣股票的情況下，享受投資的果實。

　　股息的成長來自公司利潤的成長，公司利潤的成長年年不同，以台積電為例，後面有三星和中芯的窮追猛打，台積電除了要不斷創新，創新的速度也不能落後於強勁的競爭者。至於模型中的股息成長指的是長期，短期都很難估計了，更

何況是長期。

## 成長的週期性

百年老店通用汽車和福特汽車曾經是紅極一時的成長股，時過境遷，時代向前推進，傳統的燃燒式引擎汽車工業漸漸衰退。當微軟新創之初，IBM 是電腦界的巨擘，蓋茲成功說服 IBM 用微軟發展的 DOS 軟體系統，當時 IBM 認為硬體才是關鍵，軟體只是周邊的小東西，不以為意，物換星移，40 年後，微軟市值是 IBM 的十四倍大。

經過 20 年的快速成長，微軟超越了比它早幾年的蘋果，又超越了規模大出許多的 IBM。然而在 2000 年代初期，微軟也遇到了瓶頸，不再被認為是成長股，但微軟成功地將 Office 銷售轉型到定期收費的模式，並且打入雲端科技，成為第二大的雲端科技公司。

蘋果原來比微軟規模大，但公司把賈伯斯踢出去，又無法與 IBM 和微軟聯盟合作的個人電腦競爭，一度陷入危機，

市值也曾被微軟超越。之後賈伯斯復出，重新掌握公司經營大權，藉由 iPod 成功將蘋果的商譽提升，iPhone 又開創了一片新天地，AirPod 等周邊商品再繼續將銷售和利潤帶入新高點，蘋果重新超越微軟成為全球第一大企業。在這個競爭激烈的科技環境，兩家大公司必須不斷創新，才能持續領先的地位，但大到某個程度，公司還是會如同其他百年老店，進入成熟期。

## 股息的幾個重要日子

股息是最實在的投資收入，美國股票通常每季發放股息，公司會直接將錢轉入投資者在證券公司的帳戶，收到錢的那一天叫做付息日（payment date）。如果投資者在付息日前一天買股票，將領不到那一季的股息。投資者必須在除息日（ex-dividend date）之前買股票，才能得到那一季的股息，而除息日通常是付息日之前的好幾週。

再用摩根大通為例，2021 年第一季的股息每股 0.9 美元，在 1 月 31 日發放給股東。隨著市場交易，每天的股東都會有

稍許變化，所以摩根大通會訂一個登記日（record date），只有在登記日當天擁有股票的投資者，才能領取第一季的股息。摩根大通訂的第一季股息登記日是 1 月 6 日，為了在 1 月 6 日擁有股票，投資者必須在 1 月 5 日之前買股票，才能領取第一季的股息，所以 1 月 5 日就是所謂的除息日。在除息日當天或之後買股票，就領不到當季的股息。

股票轉手需要時間，在美國股市這要兩個工作天（不含週末和假日），這是市場所謂的 T + 2。如果在 1 月 4 日星期一買股票，要到 1 月 6 日星期三，股票和現金才會轉手。如果投資者在 1 月 5 日買股票，要等到 1 月 7 日才能成為股票的主人。

- 公告日：公司公布下一季股息發放細節，包括付息日和登記日。
- 除息日：在這一天或之後購買股票者，將不會領到當季的股息。
- 登記日：這一天擁有股票的股東，將可以領取當季的股息。
- 付息日：公司將股息存入股東的帳戶。

## 模型的限制和延伸

任何模型都會因為簡化的過程而造成模型應用的限制，股息貼現模型有一些明顯的限制：一、高成長的科技公司一般都把利潤用於再投資，所以不發放股息，微軟上市 18 年後才開始發放股息，在這段不放發股息的期間，股息貼現模型無法使用。二、公司的成長率和股息的成長率很難預測，不是一成不變的數字。三、折現的複利率也無法預測，長期利率每天在變。

前述的股息貼現模型假設股息成長率永遠不變，這對科技成長股來說是非常不合理的。如果我們將公司的發展分為成長期和成熟期，並且給予不同的股息成長率，模型公式就可以延伸到更多用途，也會有比較合理的結果。

以微軟為例，2020 年 10 月，股價約在 209 美元上下，2020 年的股息 2.09 美元（殖利率約 1%）。從 2004 年開始，微軟的股息年成長率約 12.4%，之後因雲端科技成功推出，2010 年至 2020 年，微軟的股息成長率增加至 14%。然而我們從歷史上學到的經驗，高成長率能持續多久，要看市場環

境、公司的努力和競爭者的進展。假設微軟可以在未來 20 年持續 14%的股息成長率，20 年後回歸至 5%的股息成長率，那麼微軟股票的投資報酬率會是多少？

$$S \times (1 + r)^N = \frac{div \times (1 + g)^N}{r - g}$$

r ＝股票的投資報酬率，S ＝現在的股價 209 美元，div ＝現在的年股息 2.09 美元，N ＝高成長期 20 年，g ＝高成長期的股息成長率 14%，g' ＝公司成熟後的股息成長率 5%。按照以上的公式，如果微軟可以維持 14%的股息成長率 20 年，微軟股票將有 8%左右的投資報酬率。

在疫情蔓延的 2020 年，微軟仍持續成長，即使成長暫時趨緩，以目前每年淨利 443 億美元、股息支付率僅 33%來看，即使成長暫時受挫，未來 5 年仍然有能力維持 14%的股息成長率，只要微軟繼續抓住雲端科技和 Office 軟體的領先地位，8%以上的投資報酬率是有可能的。

這個 8%的預測是在許多的假設之下計算出來的，可以

想像到了 2021 年，現實會證明計算的錯誤。如果到了 2021 年，大家又重新相信微軟會持續成長 20 年，而不是剩下的 19 年，那麼微軟的股價將上漲超過 10%，如果微軟成長不如預期，股價表現將低於 8%。公式只是依據種種假設的結果，假設愈趨近事實，計算出來的結果也會愈趨近事實。

分析師甚至可以給予公司每年不同的成長率，$g = g(t)$，成長率隨時間而改變，再利用 Excel 計算股價和投資報酬率，這樣仔細的模型的確可以解決假設上的限制，雖然模型沒問題，但隨時間而改變的成長率 $g(t)$ 極難預測，甚至是不可能預測的。

雖然公式總是簡化許多，但公式裡的概念還是非常重要。好的公司，終究要以現金回饋投資者。當公司大到一個程度，再投資所需的資金少於賺進來的利潤，公司就會開始回饋投資者。高成長率不可能永遠持續，以利潤為導向的資本市場上，競爭從四面八方湧進，尤其當新的突破性科技出現時，市場便重新洗牌。老公司如果不能快速適應市場，慢慢地也就會步入 IBM 或福特汽車的後塵，公司成長將會停滯。

從管理的角度來看，經營者將公司淨利回饋投資者是一件好事。如果公司的管理者手邊有太多現金，有可能會亂投資或是放鬆競爭的腳步，當管理者鬆懈下來，公司獲利就可能會受到不好的影響。如果管理者必須靠當年的獲利來做再投資和付股息，管理者會比較認真經營現金流動，並且謹慎選擇投資項目。

《華爾街日報》曾經報導，有一項研究將所有的公司依殖利率高低分成五等分，研究哪種股票整體投資報酬率最高。結果發現，殖利率第二高的股票投資報酬率最好，第一高的表現反倒不是最好。盲目追求當下的高股息並不是最好的投資策略，殖利率和股息成長率同樣重要，都必須列入考慮。

# 第 8 章

# 風險與投資報酬率

有個名校的數學博士，覺得標普 500 指數基金的投報率太低了，他有一個更好的投資模型，可以得到將近標普 500 兩倍的投報率，他用過去 10 年、20 年，甚至 30 年的數據反覆驗證這個投資模型，誤差非常小。博士信心滿滿，收取的費用也很乾脆，如果投報率不如指數，他不收任何費用，但投報率高出標普 500 指數的部分，獲利一人一半。我看過資料後，可以證明他說的是事實。這樣的投資值得嗎？好嗎？

## 保證金貸款的風險

這位數學博士避開了一個重要的關鍵——風險，他自始至終沒有提到這個投資方式會帶來兩倍的風險。其實投資者

不需要給這位博士一毛錢，只要願意承擔兩倍的風險，就可以得到將近兩倍的投報率。怎麼做呢？

很簡單，就是借錢買股票。保證金貸款（margin loan）是借錢買股票的一種方式，投資者用股票當抵押品，向證券公司借錢，最初的借款限度通常為所有持股價值的 50%，這是所謂的初始保證金（initial margin）。之後股價漲漲跌跌，只要不跌到維持保證金（maintenance margin）之下，證券公司不會有任何行動。維持保證金大約 35%，也就是說，投資者的資金必須占所有持股價值的 35%，一旦跌到維持保證金之下，證券公司就可以採取行動，強迫投資者賣掉部分的股票，維持投資者自己的資金比例在 35% 以上，這是所謂的追繳保證金（margin call）。很不幸地，通常追繳保證金都發生在股市的最低點。

假設投資者有 50 萬元，把 50 萬元存入證券公司買股票，證券公司都會願意另外借 50 萬元給投資者買更多的股票，這是所謂的初始保證金，這個貸款就是保證金貸款，利息是保證金利息（margin interest）。某些證券公司的年利率只有 0.8%，其實在大盤商之間，利率比 0.8% 更低。於是，投資

者可以用 50 萬元買 100 萬元的股票，如果股票一年後漲了 10%，投資者賺進 10 萬元，扣除利息 4 千元，淨利是 9 萬 6 千元。股票的投報率是 10%，但因為投資者願意承擔兩倍的風險，兩倍的風險帶來將近兩倍的投報率 19.2%。

如果很不幸地，投資者遇上了 10 年一次的股市崩盤，股價大跌 35%，之後迅速反彈至跌 25%。當股價跌了 35%，投資者的資金剩下 15 萬元，證券公司為確保可以收回借款，有 35% 的最低保證金標準，這時就會強迫投資者在最低點賣

| | 投資者的資金 | 保證金貸款 | 總共持有的投資 |
|---|---|---|---|
| 最初投資 | 50 萬 | 50 萬 | 100 萬 |
| 當股價跌 35% | 15 萬 | 50 萬 | 65 萬 |
| 追繳保證金的結果 | 15 萬 | 27.8 萬<br>（證券公司賣<br>出 22.2 萬元的<br>股票，以確保<br>35%的保證金） | 42.8 萬 |
| 當股價反彈至跌 25% | 21.6 萬 | 27.8 萬 | 49.4 萬 |

**圖 8-1　貸款買股票可能的壞結果**

股價下跌時，如果投資者沒有能力投入新的資金，證券公司會自動賣出投資者的持股，以確保 35% 的最低保證金標準。結果，雖然股價僅跌 25%，投資者卻損失 56.8%，並且還必須支付借貸的利息。

掉 22.2 萬元的股票來償還借款，這是所謂的追繳保證金。當股價從跌 35％反彈至跌 25％，投資者手中的股票剩下 49.4 萬元，其中 21.6 萬是投資者的資金，27.8 萬美元是借的保證金貸款。雖然股價只跌了 25％，但因為追繳保證金的結果，投資者的損失是 56.8％。

- 初始保證金：50％，投資者購買股票時，證券公司願意借出購買價的比例，股票就被當作抵押品。如果股價是 100 美元，50％代表投資者可以借到 50 美元。
- 維持保證金：各公司不同，通常是 30％至 40％，以上例子是假設 35％。只要投資者自己的資金維持在這個比例之上，證券公司的借款不會有任何改變。
- 追繳保證金：當投資者自己的資金低於維持保證金時，證券公司可以要求投資者放進更多現金，或是賣掉部分股票換現金。如果投資者不採取任何行動，證券公司有權自動將投資者的股票賣出換現。

天下沒有白吃的午餐，風險愈高，投資者要求的投資報酬率就愈高。盲目地追求投資報酬率卻忽略風險，絕對是大錯特錯。

## 資本資產訂價模型

以上的概念來自於資本資產訂價模型（Capital Asset Pricing Model，簡稱 CAPM）。假設市場上有兩種投資機會，一是無風險投資，比如說買美國短期公債，為了說明以下的公式，這裡假設無風險的投資報酬率是 Rf；另一是依比例投資整個股票市場，比如說標普 500 指數基金，這個指數包含美國五百大企業，占了整個股市的 75%。為了說明以下的公式，這裡假設市場的投資報酬率是 Rm。

另一個假設是投資者可以借錢買股票，借貸利率和無風險投資的報酬率一樣，在這種情況下，投資者可以依據自己願意承擔的風險來決定所得到的投資報酬率。比如說，投資者只願意承擔市場上一半的風險，就可以將一半的資金投入無風險投資，另一半投入整個股市，整體的投資報酬率將會是：

0.5 倍投資股市預期報酬率＝ Rf ＋ 0.5×（Rm － Rf）

如果投資者願意承擔兩倍的風險，投資者可以以 Rf 的利率借錢加碼投資，投資的預期報酬率將會是：

**2 倍投資股市預期報酬率＝ Rf ＋ 2×(Rm － Rf)**

每多承受一個單位的風險，預期的投資報酬率也會增加（Rm － Rf），風險和投資報酬率總是手牽著手一起來。

舉例來說，有一家新開的科技公司，因為有許多的不確定性，不知道新發展的科技能不能達到預期的效果，能不能打敗其他強勁的對手，所以風險比較高。假設這家公司的風險是市場風險的兩倍，那麼投資者需要得到什麼樣的投資報酬率才能滿足所承擔的風險呢？

假設 Rf ＝ 0.1%（政府短期公債利率），Rm ＝ 7%（整體市場的投資報酬率），那麼，合理的投資報酬率就是：0.1%＋ 2（7%－ 0.1%）＝ 13.9%。

除非這家公司可以提供投資者 13.9% 以上的投資報酬率，否則根據資本資產訂價模型，這個機會還不如買標普 500 基金。當投資者在比較兩種不同的投資機會時，簡單的法則是：兩倍的風險，就必須要求兩倍的投資報酬率；三倍的風險，就必須要求三倍的投資報酬率，依此類推。

什麼是風險？風險就是股價上下擺動的幅度，這是可以量化的。在統計學裡，就是所謂的標準差。標普 500 指數的標準差大約每年 15%，通常計算的方法是以每天的股價擺動來計算，再以布朗運動的數學調整為年度的標準差。如果有一家公司的年風險是 30%，兩倍的市場風險，我們預期的投資報酬率必須是兩倍的市場投資報酬率才合理。

## 衍生性金融商品玩的數學遊戲

我們拒絕了上一個數學博士的建議，接著又來了一位數學博士，他可以保證你每天的投資報酬率是指數的三倍，誤差是難免的，但是非常小，你可以選擇用標普 500 指數或是納斯達克 100 指數，並且收費合理，每年只收 1% 的固定管理費。我可以證實他所言句句屬實。

這個投資策略可以說是一種數學遊戲，每天股價漲跌的三倍，不代表一年的漲跌三倍。這樣的產品其實早就在市場上了，投資者隨時可以交易，如果想要標普 500 指數每天漲跌的三倍，可以買 ProShares 三倍標普 500 指數 ETF（ProShares

UltraPro S&P 500，代碼 UPRO），或是 Direxion 每日三倍做多標普 500ETF（Direxion Daily S&P 500 Bull 3X Shares，代碼 SPXL）；如果想要納斯達克 100 指數漲跌的三倍，可以買三倍做多納斯達克指數 ETF（ProShares UltraPro QQQ，代碼 TQQQ）。這種 ETF 被稱為槓桿 ETF（Leveraged ETF），市場上甚至有反向 ETF（Inversed ETF），漲跌正好與指數相反。

圖表 8-2 是三倍槓桿的 TQQQ 相對於 PowerShares 納斯達克 100 指數 ETF（QQQ）的股價表現。

這種投資策略是如何操作呢？舉例來說，假設有一支股票每股 100 元，投資者有 10,000 元，可以買 100 股，但因為貪心，再借 20,000 元（假設不需要利息），共買了 300 股，總值 30,000 元。接下來的兩天，第一天，股價下跌 10 元（－10％），第二天股價上漲 10 元（＋ 11.1％），直觀上，投資者應該沒有損失，但實際上我們看看發生了什麼事。

第一天，股價從 100 元跌至 90 元（－ 10％），投資者因為槓桿的關係，損失 30％，原本 10,000 元的投資，現在剩下 7,000 元。為了保持隔天三倍的漲跌幅度，投資者應該持

有21,000（7,000 × 3）元的股票，也就是233股（90元一股），
這比原先的300股少了67股，於是投資者必須在90元的價
位賣出67股。

　　第二天，股價從90元反彈回100元一股，漲幅＋
11.1％，三倍的漲幅是33.3％，投資者的7,000元漲回至
9,333元。為了持續保持隔天三倍的漲跌幅度，投資者應持有

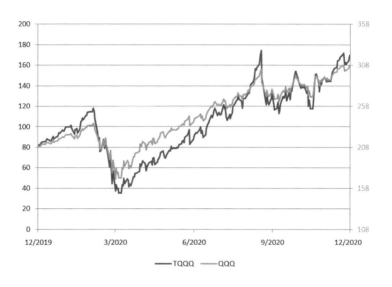

**圖表 8-2　三倍槓桿的 TQQQ 相對於 QQQ 的股價表現**
槓桿投資跌時的加速效果比漲時明顯，小投資者應避免。資料來源：彭博。

28,000 元的股票，也就是 280 股（現在又回到 100 元一股），比第一天的 233 股多出 47 股，因此投資者必須在市價 100 元的價位買進 47 股。

怎麼會這樣？在 90 元賣出，又在 100 元買進，一出一進，賠了近 700 元。一跌一漲，明明市場已回到原價，但因為槓桿操作，投資者居然會賠錢。

以上是槓桿 ETF 的一種操作方式，實際上，投資公司可以利用衍生金融商品來操作，但投資的結果是一樣的，都會因市場的震盪而產生損失。

槓桿 ETF 可以說是一種簡單類型的衍生性金融商品，經由數學和操作來放大風險和投資報酬率。每一種衍生性金融商品背後有不同的數學，投資者在把寶貴的金錢投入衍生性金融商品前，必須先了解背後的數學遊戲，並且覺得它適用於今天的市場和經濟，才能投資。

以上的舉例只是最簡單的數學遊戲，如果投資者看完仍然一知半解，那麼最好的策略還是少碰衍生性金融商品。

# Alpha 和 Beta

華爾街的通用語言中充滿了希臘字母，這是因為許多的金融理論建立在數學基礎上，希臘字母 Alpha 和 Beta 就常被用於投資報酬率和風險的比較上。Beta 指的是幾倍於市場風險，當 Beta 等於 1，就是和市場風險一樣；Beta 等於 0.5，就是市場一半的風險。有些公司的股價擺動小，我們稱之為低 Beta 股票，比如日用品大廠寶鹼。Beta 等於 2，就是市場兩倍的風險，有些公司股價擺動大，我們稱之為高 Beta 股票，比如新興的科技公司。

Alpha 指的是在風險以外所得到更高的投資報酬率，比如市場預期的投資報酬率是 7%，如果投資者以和市場一樣的風險，得到了 10%的投資報酬率，那麼這位優秀投資者的 Alpha 就是 3%。Alpha 是投資者追求的目標，高 Alpha 代表投資者高度的投資效率。

除了 Alpha 以外，還有另一個名詞來形容投資報酬率的好壞，那就是夏普比率（Sharpe Ratio）。

夏普比率＝（投報率 R －無風險報酬率 Rf）÷ 標準差

一般人將公式簡化為：

夏普比率＝投報率 R÷ 投資價值變動的標準差

以標普 500 指數為例，如果報酬率是 7.5％，標準差是
15％，那麼夏普比率就是 0.5。夏普比率和 Alpha 這兩個數值
常被用來給職業投資者和對沖基金打成績，以分辨投資成績
的好壞。夏普比率愈高，代表基金可以在較少的風險下得到
更高的投資報酬率。Alpha 則是代表在一定的風險上，多餘的
投資報酬率。

另一個計算 Alpha 和 Beta 的方法是迴歸分析（regression），
這個方法比起只使用標準差更來得準確，其方程式為：公司
或基金的投資報酬率＝ Alpha ＋ Beta × 市場投資報酬率 。

投資報酬率和風險總是手牽手出現在我們的面前，一個
理性的投資者，在做任何投資決定時，風險和投資必須同時
考慮。

## 分散風險還是集中投資？

　　風險有兩種，一是市場風險，一是個股風險。資本資產訂價模型用的都是市場風險，市場風險是投資者無法避免的，期待的投資報酬率將會與所承受的市場風險成正比。個股風險則可以經由分散風險的方式降低，比如說，投資者按比例買所有在標普 500 指數中的股票，個股風險就會降至最低，剩下的只是市場風險。投資者甚至不需要買全部五百家股票，根據統計學的原理，如果能分散投資在二十至三十家各類型的公司，而不是全部集中在某一類型，也能夠達到分散風險的目的，最後所承受的風險大部分是市場風險。理論上來說，分散投資可以將投資者的風險降至最低。

　　然而，我們看見最富有的人都是集中投資，他們的投資也是他們的事業，祖克柏專心於臉書的經營，臉書公司也是他主要的財富；世界首富貝佐斯的財富都來自於亞馬遜公司。這些是我們看見的，但有很多是我們沒看見的，我相信創業失敗的例子一定比成功的例子多。

　　巴菲特曾經說過：「分散風險是為了保護無知，如果你

知道自己在做什麼，分散風險就沒什麼意義了。」從巴菲特的股票選擇可以看出，他投資自己覺得有價值的股票，並非為了分散風險而投資。比如說，巴菲特的股票投資中，蘋果公司就占了 48%，他的前五大股票占所有投資的 75%以上。最成功的投資者不會為了分散風險而買股票，重要的是了解自己在做什麼。如果真的要分散風險，標普 500 基金就是最好的選擇。

但對一般小投資人來說，我們究竟比不上巴菲特的投資能力，分散風險可以把整體投資的風險降低，保護我們偶爾的無知犯錯。一家股票今天表現不好，但另一家可能正好往上漲，平均下來，可以緩和整體投資結果的漲漲跌跌。通常投資二十至三十家各類型的公司就可以達到降低風險的目的，本書一開始提到的清潔工瑞德就是一個例子。

分散風險和集中投資各有利弊，重要的是知道自己在做什麼。不管是分散投資或是集中投資，所有的投資都有風險，在衡量投資機會時，風險評估是投資者必做的功課。

# 第 9 章

# 買賣的時機

　　巴菲特曾經說過，最理想的投資期是「永遠」，最好的情況是買到對的股票，它可以永遠地幫我們賺錢。第一章提到的清潔工瑞德就是靠著只買不賣的方法，以微薄的薪水累積了 800 萬美元的財富，相當於新台幣 2 億 4,000 萬元。

　　我曾以 10 美元的價位買進蘋果公司的股票，漲到 25 美元時，覺得已經不錯了，就把它賣掉。2020 年底，股價漲到 130 美元以上，足足是我賣價的五倍。雖然有賺錢，但沒賺到的比賺到的更多。

　　巴菲特告訴投資者：「投資的要訣就是在好時機買進好公司的股票，只要公司維持好的狀態，投資者就繼續持股不變。」

## 市場名言一：逢低買進，逢高賣出

這句話的英文是 Buy low, sell high，我以前覺得這句話和另一句名言「留下賺錢的，砍掉賠錢的」（Keep winners, cut losers）相牴觸，後來才明白，其實應用上是不同的。「逢低買進，逢高賣出」指的是整個股市，當股市一路上漲，漲到不合理的價格，投資者可以考慮降低持股，減少風險，這就是逢高賣出。當股市大跌，空氣中瀰漫著恐懼，這就是逢低買進的時刻。

但什麼價位是高，什麼價位是低？這不是一個簡單的問題，尤其最高點極難預測，這也是為什麼長期持股是良策。至於低點，股市大跌 20%以後，通常有些好機會。不過最實在的方法，還是從基本面研究，在股市漲的時候，投資者還是有機會找到好股票，雖然機會少一些；在股市跌的時候，不好的股票可能就漲不回來了。

另一個方法是根據整體市場的本益比，低本益比代表股價低，高本益比代表股價高。1990 年之前，標普 500 的本益比大約在 10 至 20 之間，但 1990 年後，本益比大約在 15 至

25 之間。但利用本益比來決定股市高低有一個問題,一般本益比的計算是根據舊資訊,雖然價格是現在的股價,但所獲得的利潤代表過去一年的淨利。當經濟不景氣時,淨利降低,即使股價不變,本益比也會逐漸高起來。當本益比高起來時,正好又是經濟復甦的時候,所以投資者看到市場上的本益比有滯後的情形。因此本益比必須稍做調整,未來本益比更為實用,但每個人估算出來的未來本益比可能不同。

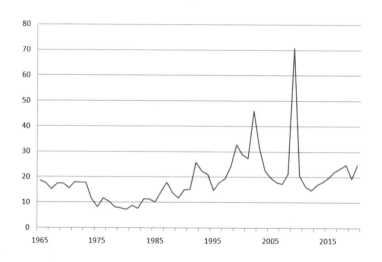

**圖表 9-1　標普 500 的本益比歷史**

近 20 年標普 500 的本益比較歷史平均值高,其中一個原因可能是低利率,而這也是為什麼近年來標普 500 的報酬率比歷史平均高。如果本益比下降,但淨利成長不變,股市價值會因此下跌。資料來源: 彭博。

比如說 2009 年時，標普 500 的本益比一度衝到 50 以上，但那卻是買點，而非賣點。2020 年的 11 月，本益比也高達 30 以上，但道瓊指數在 11 月 24 日衝上 3 萬點。所以用本益比做判斷，還必須將整體經濟情況列入考慮。

## 市場名言二：留下賺錢的，砍掉賠錢的

至於另一句市場名言「留下賺錢的，砍掉賠錢的」，指的是個股的選擇去留。當股市高漲，投資者想要減低風險，賣掉一些手上的股票，要賣哪幾支股票呢？這句金玉良言就是告訴我們要賣賠錢貨，或是成長不符合我們期待的股票。

這個想法簡單易懂，但許多沒有經驗的投資者往往反其道而行，誤以為跌下來的之後會漲上去，漲上去的可能會跌下來，其實不是這樣。好的公司會持續成長，壞的公司除非有大變動，否則很難翻身。

如果你的朋友開了三家店面，其中一家很賺錢，第二家雖然沒有第一家好，但也還可以，第三家時賺時賠。朋友在

有限的時間和金錢下，考慮賣掉一家店面，問你的意見，你會給他什麼建議？

我問過的朋友中，大部分都很直覺地認為，賣掉時賺時賠的第三家是最好的選擇。回到股票的交易，你有三支股票，第一家成長快速，利潤年年成長，第二家平平穩穩，股息按時發放，第三家一會兒賺錢、一會兒賠錢。如果這三家股票是在同時買進，非常可能第一家股票上漲，但第三家股票賠錢，你會賣哪一家？

如果你選擇賣掉賺錢的股票，你的投資組合慢慢地都剩下些不好的公司，也就是「套牢了」的意思。不好的公司常有不好的新聞，搞得你也睡不安穩，錢又沒賺到。

我的答案是：毫不猶豫地賣掉第三家股票，賠錢就到此為止，讓賺錢的公司留下來。漸漸地，你的投資組合都是好股票，你可以睡得安穩，不必擔心市場時起時落。

在日常生活中，我們累積了許多好的常識，但遇到錢的事，貪心常常誤導我們做出錯誤的選擇，接踵而來的往往是

恐懼。買的時間不對，往往導致賣的時間也不對。仔細看看巴菲特手上留下的股票，最賺錢的都是長期持股的可口可樂、美國運通。幾年前巴菲特買入蘋果，蘋果繼續賺錢，巴菲特就繼續持有股票，比我當年 10 美元買進、25 美元賣出好多了！

## 市場名言三：勿空手接掉下來的利刃

這句話的英文是 Don't catch a falling nife，這是一句警語，提醒投資者不要以為股票跌就可以買，股票可以跌到 0 元，這是千真萬確的。大跌的股票有時就像一把利刃從天上掉下來，你不知道還會跌多少。

當你喜歡的一支股票大跌時，值得高興的是有機會可以進場，但更重要的是了解為什麼大跌。因為 COVID-19 疫情，大部分的股票在 2020 年 3 月都大跌，這是一個合理的原因，因此只要衡量得宜，選擇好的股票，定期定量買進，這就不是掉下來的利刃。當瑞幸咖啡在 2020 年因為做假帳而股價大跌，這就是一把天上掉下來的利刃，投資者很難預測瑞幸咖

啡將來的前途。

就算是很好的公司、很好的股票，買在不對的時機，也會有空手接利刃的感覺。比如說摩根大通在 2020 年初最高點 141 美元，大跌 10% 至 127 美元時，如果投資者買進，接下來又大跌 40% 至 77 美元一股，這種感覺就像是空手接天上掉下來的利刃。即使投資者在跌 20% 時買進，價格約 113 美元，之後也再大跌了 30%，感覺也沒有好太多。幸運的是，好的股票需要的只是時間，摩根大通銀行經過 8 個月之後，在 2020 年的 12 月底，已經回到 127 美元一股。

當股價因整體經濟問題而下跌時，究竟應該在哪一個點進場？沒有人可以準確預測最低點，為了減輕風險，減少空手接利刃的感覺，投資者可以用平均的方式買進，在整體股市跌 20% 時買進一些，跌 30% 時再買進一些，平均下來，就不會感覺是空手接利刃了。

即使是投資簡單的標普 500 基金，定期定量的投資也可以減少何時買賣的頭痛，把辛苦賺來的有限資金定期定量地放進市場。

至於賣的方式，也是如此，尤其要避免跳樓大拍賣的情形。當空氣瀰漫著恐懼時，是最不應該賣股票的時候，如果有退休後生活費的需求，定期定量地賣出也是一個好方法。

## 市場名言四：買耳語消息，賣新聞

　　這句話的英文是 Buy the rumor, sell the news，不適用於大眾，但交易員常會用到，用來形容證券價位波動的不合邏輯。比如說，馬路消息傳出，央行可能會降息刺激經濟，降息通常會使短期債券的價格上漲，在消息傳出時，債券便開始走高，當央行正式宣布降息，新聞出來後，債券價格不漲反跌。這就是典型的「買耳語消息，賣新聞」。

　　另一個例子是，製藥公司公布新藥得到美國食品藥物管理局（FDA）的批准上市，這是個大好消息，股價應該會漲，為什麼反而下跌呢？當這種情況出現時，往往是因為股價早已先偷跑上漲了，在消息公布之前，就已經有謠言說新藥快要得到批准，當消息公布出來，正好是先跑一步的操作者收割獲利的時刻。這個謠言可能發生在臨床實驗和申請上市的

過程，據說有些對沖基金專門注意各藥廠的徵才廣告，由徵才廣告來判斷新藥臨床實驗的進度。當他們發現藥廠開始雇用律師申請新藥上市時，便得知新藥被批准的可能性高，因此開始收購股票，事先將股價向上推。

雖然金融機構盡量使公司資訊公開化透明化，但有些資訊卻只有少數人能看到，大多數人得到的資訊還是有限。ZeroHedge 網站經常提供馬路消息，可供參考，但真假仍必須經過判斷。當我們無法解釋股價波動時，有人就會說「買耳語消息，賣新聞」。

隨著 2020 年冬天的來臨，在美國疫情持續升高，和輝瑞（Pfizer）聯合發展疫苗的 BioNTech 在 2020 年 12 月 10 日股價達到最高點 129.54 美元一股。美國衛福部於 12 月 11 日批准 BioNTech 的疫苗，股價不漲反跌，到了 12 月 31 日，股價已跌破 82 美元。另一家疫苗公司莫德納也有同樣的遭遇，在 12 月 8 日股價達到新高 169.86 美元，疫苗雖然批准了，股價卻在 12 月 31 日跌破 105 美元，這也是典型的「買耳語消息，賣新聞」。

小股東無從得知這些資訊，也不能掌控全局，只能沉著以對，依據基本面分析做好長期投資的決策。

## 市場名言五：現金為王

英文的說法是 Cash is king，所有的投資項目裡，現金是最安全最靈活的財富。在整體投資上，將一部分留在現金，隨時可以投入高報酬率的投資，或是以備不時之需，這樣投資者更能睡得安穩。

投資者不應該把每一分錢都投入股市，這樣會失去靈活性。比如說，巴菲特目前手上有 1,400 億美元的現金，隨時隨地，他都繼續在找尋下一個投資機會，並且找到後馬上可以行動。

## 關於逆向操作

逆向操作不表示永遠都是逆向，甚至大部分時候的是順

風行駛。富達投信（Fidelity Investments）在 1970 至 1990 年代有位著名的反向基金經理人里奧‧多斯基（Leo Dworsky），他曾說，逆向操作的一個祕訣就是避免任何時候都是逆向。當事實和市場大眾所認為的事實不同的時候，才是逆向操作的時機。

多斯基出生於 1933 年，畢業於耶魯大學法律系，1963 年進入富達擔任研究員，從 1967 年起擔任富達反向基金的經理人，從 1967 年至 1982 年，該基金的投資報酬率是標普 500 的兩倍。對於一個以逆向操作為投資策略的人，熱門股票是最難的挑戰，多斯基解釋說：「當熱門股票上漲時，你可能會賣得太早，當熱情過後，股價下跌，你可能會賣得太慢。」在從漲到跌的轉折點時，群眾往往是錯的，所以多斯基特別注意群眾對股票過度興奮或是過度悲觀的情形。根據多斯基 1982 年在《紐約時報》的說法，買機出現在：一、公司已經開始改善經營，但市場還未查覺；二、當公司的經營和所面臨的環境沒有太大改變，而群眾卻過度強調負面的消息。

簡單說，群眾往往是錯的，尤其當他們開始一窩蜂地買或賣，正是逆向操作的時機。為了避免成為逆向操作的獵物，

小投資人最好還是選擇長期投資，並且避免跟風似地買賣。

## 市價單與限價單

除非是買和賣的價差太大，一般下單的方式以市價單（market order）比較合適。市價單直接按當時市場價買進或賣出。當投資者覺得市場價位不錯時，直接以市場價交易，不要貪幾分錢的買賣價差，也不必等到下一個機會。限價單（limit order）指的是投資者預設買賣價格，企圖以低於現在的市價買進，或是以高於市價賣出。

比如說，市場提供蘋果股票的買價是 115.29 美元，賣價是 115.30 美元，價差 1 分錢，市場的買價就是我們的賣價，市場的賣價就是我們的買價。如果投資者覺得價格合理，可以在 115.30 美元的價位立刻買進蘋果股票，這就是所謂的市價單。但如果投資者覺得市場價太高，想在 115.00 的價格買進，便可以用限價單的方式指定買價。

乍聽之下似乎限價單比較划算，誰不想在低的股價買

進，但執行起來卻有問題，尤其是對會選擇好股票、好時機的人。以前述蘋果股票為例，為了省 1 分錢，有可能因此買不到股票，買不到的時候，通常是蘋果已經漲上去了。而買到的時候，通常是因為市場價格已經跌得更低，低於買價。

交易頻繁的股票，買賣價差非常小，蘋果的價差只有 1 分錢，臉書股價 270 美元，買賣價差也只有 3 分錢。交易不頻繁的股票如樂天，股價在 10 美元左右，但買賣價差約 4 分錢，比臉書的買賣價差高，但也不過 0.3%的投資額，只要投資者不要太過頻繁進出股票，這些小的價差不會造成太多投資報酬率的損失。

小股東通常沒有時間每分每秒緊盯著市場，即使每分每秒盯著市場，看到的也是一個不完整的市場，因為市場的微觀結構（microstructure）是人眼看不清楚的，微觀結構瞬息萬變，只有電腦可以掌控。

簡單地解釋微觀結構，那基本上是整個市場買和賣的所有下單，是什麼樣的投資者在買、什麼樣的投資者在賣、輸贏的機率如何等等。綜合所有微觀結構的結果，造市者

（market maker）才會決定市場上的買價和賣價。如果投資者以限價單下單，價單被執行的原因通常是市場微結構的改變，並且是對小投資者不利的改變。

　　每一個小投資者的限價單都在造市者的掌控之下，造市者可以利用這些資訊調整市場買賣價格。資訊就是金錢，造市者知道你的動機，自然有辦法利用資訊賺到小投資者的錢。但若使用市價單，小投資者的資訊就不會事先讓造市者知道，長期下來，對小投資者比較有利。

## 過於頻繁交易的缺點

　　《霸榮》在 2020 年 4 月 18 日報導了一則由知名財顧公司艾科（Ayco）所做的研究：從 1992 年到 2019 年，標普 500 的年投資報酬率是 9.8%，但如果你錯過最好的十天，投資報酬率降為 7.1%，如果你錯過最好的五十天，投資報酬率降低至 1%。這個事實告訴我們，過於頻繁地進出股市，有可能讓我們錯過股市最好的時刻。

每一次小股東買賣的時候，都是造市者賺錢的時候，小投資者資金有限，所以應該謹慎選股，選對了以後，就做長期投資的打算，以減少造市者從你身上賺錢的機會。造市者的設備和資訊比小投資者好太多，背後有許多的專家在做價位分析研究，小投資者應善於利用他們提供的市場，但不要以為個人可以簡單地經由頻繁交易來致富。

　　這項研究也告訴我們，不要跳樓大拍賣，而要能夠達到這個目標，前提是不能借錢投資。許多跳樓大拍賣的人，都是用借來的錢投資，股價跌到某種程度後，撐不下去了，在最低點賣出成了唯一的選擇。

# 第 10 章

# 股市資訊來源

　　所謂「知己知彼，百戰百勝」，投資也是，一方面要認識自己的缺點，想辦法克服，另一方面要知道市場動向，那就需要資訊。資訊是投資好壞的關鍵所在。

## 彭博的故事

　　說到市場資訊，自然要提到彭博的故事。麥克・彭博（Michael Bloomberg）當了 12 年的紐約市長，在 2020 年，據說花了 10 億美元競選美國民主黨總統候選人，雖然錢多，但還是買不到人心。2020 年《富比世》評估彭博是全球排名第 11 的豪富，個人資產有 600 多億美元。彭博的財富來自於提供即時資訊給華爾街的銀行、基金管理公司和高資產的投資

者。彭博於 1981 年離開了工作多年的所羅門兄弟投資銀行，創立一家專門為投資者提供市場資訊的軟體服務，那個軟體就是各大金融公司使用的電子交易平台 Bloomberg Terminal，用戶每人每月收取 2,000 美元左右的使用費，比台灣很多人一個月的薪水還多！資訊就是金錢。

我很幸運，多年來公司願意付錢給我一個自己的彭博帳戶，我可以從上面看到各種經濟數據、市場訊息和個股情資。一般人很難一個月花 2,000 美元訂購 Bloomberg Terminal，所以得多花一點心思在網路上找資訊。幸運的是，由於網路的進步，彭博的資訊和網路上可以找到的資訊相差愈來愈少。以下就是如何花最少錢找到你需要的資訊。

## 每日新聞：《華爾街日報》

《華爾街日報》是最好的資訊來源之一，將近 30 年來，我如果一天沒有讀《華爾街日報》，就會覺得少做了一件事。英國的《金融時報》是另一個好選擇，兩家都有電子版供大家線上閱讀，價位比起彭博便宜許多。

《華爾街日報》會報導每一天的重大新聞，是掌握市場脈動的好方式，若是重大的經濟消息，包括央行的動向，還會做簡單的分析。雖然消息不如彭博快速，但對長期投資者沒有太大的影響。大公司的營運和新聞，比如財報，也是《華爾街日報》的內容之一。除了經濟新聞和公司新聞外，《華爾街日報》有時也會報導一些有趣的故事，比如說，滴濾式手沖咖啡最好的溫度是 93°C 沖 4 分鐘；蜂鳥可以看到人們看不見的紫外線光；人類的祖先在恐龍時期是夜行動物，可能因此失去了對光的一些感受。

## 經濟趨勢觀察：《經濟學人》

　　《經濟學人》是另一個我每週必讀的刊物，讀者也可以閱讀電子版，它不僅提供經濟消息，政治社會變動也是報導的重點之一。因為讀了某一期的《經濟學人》介紹美國的火車商業運輸，我才知道美國的火車商業運輸是世界上最有效率的，也進而了解為什麼巴菲特會投資火車運輸股票，於是我買了 BNSF 鐵路公司（Burlington Northern）的股票，後來這家公司被巴菲特高價收購。

2020 年 11 月，《經濟學人》有一篇關於公司有形資產和無形資產的報導，提供讀者從另一個角度來看科技的獲利率，有助於分析科技股的價值。12 月的《經濟學人》有一篇討論通貨膨脹的文章，精闢地分析通貨膨脹的歷史和相關事件，在 1970 年代，已發展國家的平均通貨膨脹率大約是 10％，而現在雖然央行放寬貨幣政策，但許多已發展國的通貨膨脹率連 2％都達不到。這些資訊和分析可以幫助投資者更加了解市場未來可能發生的變化，提前有心理準備。

由於 LINE 和微信的興起，朋友群常常會傳一些網路上的經濟分析，裡面的邏輯往往錯誤百出，有空時，還不如讀幾篇《經濟學人》的報導。

## 其他雜誌或網路

《霸榮》是一份週報，常常有一些「專家」的建議和分析，內容有個股分析和整個股市分析，可以用來參考、改進自己可能缺失的層面，或是肯定自己的分析。但要注意內容的偏差，不能全信。

除了以上的刊物，網路上也有許多好的資訊。ZeroHedge 網站有很多馬路消息，有些華爾街交易員會偶爾瀏覽一下。既然是馬路消息，內容不保證正確，謠言和耳語摻雜其中，讀者要用一下自己的判斷力。

CNBC 是以股市新聞為主的網站，每日股市頭條新聞都有簡單的報導。如果想深入追蹤經濟數據，上網搜尋 economic calendar（財經日曆），可以找到很多資訊。在所有的美國經濟數據中，非農就業數據和聯邦公開市場委員會的決議聲明是最重要的，前者大約是每個月第一個週五紐約時間上午 8 點半公布，後者可以在聯準會官網上找到詳細日期，公布時間是紐約時間下午 2 點。

聯邦公開市場委員會的第一手權威經濟分析也可以在聯準會官網上讀到：https://www.federalreserve.gov/monetarypolicy/fomccalendars.htm。

有個笑話說，天下有兩種經濟學家，一種是了解經濟是無法預測的，另一種是不知道自己沒有能力預測經濟。預測經濟走勢是極其困難、或者應該說不可能的事。2020 年初，

經濟一片大好時，COVID-19 擾亂了全世界人們的生活，蓋茲曾經在 2015 年擔心全世界還沒有準備好如何面對下一個巨大的疫情，沒想到 2020 年就發生了。發生之後，也沒有人可以想像它的影響；當大家看到疫情的影響，也沒有人能夠預測各國政府會採取什麼措施，央行會如何介入，接下來的市場走勢更是抓不準，在美國一半以上的州疫情還繼續攀升的 2020 年 6 月初，股市已從最低點上漲了 30%。

雖然說經濟走勢無法預測，但了解經濟現況還是有很多的價值，可以幫助你分析個別股票的潛在危機或商機，對於個人工作或其他的投資項目，相信也會有所幫助。

以上說了許多宏觀經濟的資訊，但對於股票分析，最重要的是各個股的資訊，這些資訊可以從報章雜誌間接取得，第一手的資料則可以在各公司的官網上找到。只要上網搜尋公司名字加上 Investor Relations（投資者關係）就會發現許多公司財務資料，甚至成長策略。比如說，想找微軟的資訊，只要搜尋「Microsoft Investor Relations」即可。

## 財報日曆

公司的資訊中，最重要的就是每季的財務報告，尤其獲利與成長。如果想要第一時間得到各公司的財務消息，可以上網搜尋 earnings calendar（財報日曆），這會引導你去雅虎財經網（finance.yahoo.com）的財報日曆。如果只想找一些你有興趣的公司，可以利用網站的代碼搜索功能（find earnings for symbols）。

大部分公司的財務公布時間是在開盤前或收盤後，比如摩根大通銀行就是在開盤前公布，開盤前通常是紐約時間上午 9 點以前，收盤後則是下午 4 點以後，這樣可以給投資者時間分析一下，再採取行動。

## 財報公告和 10-Q

大公司一般都有官網，網站上通常有一頁叫投資者關係，在這一頁裡可以看到上一季和之前數季的財報，有些公司甚至將財報整理成 PPT 以便投資者閱讀。比如以下網頁是

摩根大通的財報：https://www.jpmorganchase.com/corporate/investor-relations/quarterly-earnings.htm，上網搜尋「JPM investor relations」就能找到。

通常財報公告（earnings press release）只是摘要重點，如果想看所有的資料，10-Q 是各公司依法每季必須準備的報告，因為內容非常詳盡，有時候公布時間會比財報公告晚一些。在 90 年代初期，網路還不發達，如果想仔細了解某家公司，就得寫信去要 10-Q，現在真是方便多了。

認真讀完一份 10-Q 後，你可能會發現它的內容比任何雜誌或報紙的內容還要豐富，而且是第一手的資訊。公司如果在裡面造假，會受到法律制裁，雖然還是有走在法律邊緣的公司，但多數是可信的。


## 證券公司推薦股票

證券公司三不五時會提供一些股票推薦名單，以增加交易量和公司的營業額，但其實，幾乎大部分的公司都在推薦

名單上，不在這家證券公司的名單上，就是在另一家的名單上，有點像美國小學裡的孩子們，幾乎三不五時都可以拿個獎狀回家，鼓勵性質高於實際。有沒有證券公司的推薦，不重要。《霸榮》在 2020 年 7 月提到，美國大約有一萬五千家股票在市場上，其中有九千多家被各大證券公司研究觀察，其中只有一百多家沒有被任何一家證券公司推薦。標普 500 裡的公司幾乎都在推薦名單上，既然如此，最好的投資就是買標普 500 指數基金。

雖然推薦名單沒有什麼意義，但分析文章還是值得一看，投資者可以借此了解分析師對市場的觀點、對公司的看法，進而找到自己忽略但重要的盲點。

## 參考大師們的投資選擇

有許多投資者喜歡自己投資甚過於買簡單的基金，儘管投資結果不見得特別好，但可以滿足自己的興趣。其中一個很便利的投資方式就是參考大師們的投資選擇，當然，最常被人模仿學習的就是巴菲特。巴菲特每年會寫一封信給所有

股東，網路上也可以讀到（https://www.berkshirehathaway.com/letters/letters.html）。這些信都是他親筆而為，並且免費提供給投資者閱讀，想要了解巴菲特，這是最好的資料來源。

如果想知道其他大師的投資選擇，有個網站叫價值大師網（www.gurufocus.com），裡面可以找到上一季大師們的動向，比較受注意的大師有巴菲特、喬治·索羅斯（George Soros）、卡爾·伊坎（Carl Icahn）等等。

但投資者要注意，這些資訊是延遲的資訊。各公司必須在每季結束後，公布公司持有的股票，但從一季結束到報表公布，往往有兩、三個月的時間。比如說，巴菲特在 2020 第一季時就把所有航空公司的股票都脫手了，但到了 5 月，市場才知道巴菲特的交易情形。

各大信託基金依法也必須公開它們持有的股票，比如富達精選醫療保健基金（Fidelity Select Health Care）過去 10 年的投資報酬率高達 18%，上網搜尋一下，都可以找到它們上季結束時的投資組合。

## 分辨資訊真假

　　我女兒讀高中時，有一門功課是閱讀報章雜誌，我以為目的是為了了解時事，聽女兒解釋說，功課是要找一則新聞，分析報導中的偏見。學校教導學生要能夠分析偏見的存在，即使是權威性的《紐約時報》或《華爾街日報》，也存在偏見。我聽了非常感動，回想自己的成長過程，有一大段時間生活在權威之下，新聞是經過設計的，長大後才從他處漸漸找到真相。即使自由如美國，新聞也有偏見，比如 CNN 偏向自由派，傾向民主黨；福斯新聞（Fox News）則走保守路線，傾向共和黨，《華爾街日報》是福斯新聞的旗下事業，雖然新聞獨立，但仍難免會受影響。《紐約時報》則是非常自由派的報紙。

　　資訊有真有假，有好有壞，不是電視上說的就是真的，不是印在紙上就沒有錯誤，網路新聞更是真假難分，分析師的程度也是有好有壞。公司提供的資訊，比如 10-Q，必須按照一定的規範和會計準則，造假會有法律責任，所以比較可信，即使如此，奇異公司還是能掩蓋財務上的問題許多年。公司長期的運作假不了，短期的賠錢可以用會計暫時掩蓋，

長期的賠錢會明顯地造成現金不足。

　　一般公司會公布三個財務報表：資產負債表、損益表和現金流量表。現金流量表最難造假，在經濟不景氣時，現金問題更是會浮現出來，經營不好的公司往往在危機中有現金周轉的問題。巴菲特形容得很好：「當潮水退去的時候，我們很快就會知道誰沒有穿衣服游泳。」

　　網路科技帶給人類許多好處，但它帶給每一個人的價值卻不一樣，如何使用網路是一個關鍵。網飛有一部紀錄片《智能社會：進退兩難》（*The Social Dilemma*），片中提到，在社交網站買廣告的公司是社交網站的顧客，上網的人們便成為拍賣的商品。為了有更多商品可以銷售，社交網站運用人工智慧，想盡辦法使我們沉溺其中，花更多時間在社交網站上，這種現象在低收入族群和孩童的身上更為明顯。人工智慧可以用來分析事物，也可以用來分析人的行為，進而成為影響人們的工具，人們沒有因為人工智慧而變得更聰明，反而成了人工智慧的獵物。

　　網路的另一個問題是資訊泛濫，有些人的職業就是創造

假資訊。上至全世界最有權力的人，下至罪犯騙子，都會利用網路扭曲事實。真假難辨的網路，投資者必須使用自己的判斷力，找到好的資訊來幫助投資決定。


## 高頻即時資訊和大數據

網路的普及，使得小投資者很容易就能取得基本金融資訊，這些基本資訊適用於決定長期投資。對沖基金和大型金融機構為了保持資訊的領先地位，開始利用人工智慧來分析、使用高頻即時資訊（High Frequency Data）和大數據，用於短線交易或造市。這些高頻即時資訊是短線交易的關鍵，因此價格不菲，不是一般小投資者付擔得起的，比如說，大型證券公司願意一個月多花幾萬美元，只為了快 0.015 秒獲得從芝加哥交易所傳出的期貨價格。

芝加哥和紐約市是美國最重要的兩個金融中心，市場價格必須快速地交換、應用於兩地。2009 年之前，交易公司都是靠電信公司的光纖電纜在傳送價格，電信公司在拉線的時候，為了省事，遇到高山或城市就繞路而行，所以線路不

是百分之百的直線，但以光速傳送資訊應該是夠快的。2009年，有人為了再快一點，遇到山就打個洞，遇到水就從水底走，遇到城市就克服萬難申請許可，花了 3 億美元，硬是拉了一條從芝加哥到紐約幾乎直線的光纖電纜。因為速度快了 0.015 秒，每一家大公司都購買這條資訊線路的服務，這個故事很精彩地描繪在《快閃大對決：一場華爾街起義》（*Flash Boys: A Wall Street Revolt*）一書中。

什麼是高頻即時資訊？比別人快百分之一秒的資訊是一個例子，有些公司甚至即時觀測各公司的求職招聘廣告，用來即時分析公司營運的情況，就為了比其他投資者快一步。

證券交易所的一個重要的工作是撮合市場上的買方和賣方，讓買賣交易可以順利且快速地進行，由於資訊的重要性與日俱增，現在重要的證券交易所開始以賣資訊賺錢。2019年的 8 月，倫敦交易所發布消息，以 270 億美元收購金融資訊公司 Refinitiv。

金融資訊公司的股價在過去幾年也都表現優異，FactSet是一家提供大數據給各大投資公司的公司，雖然收費昂貴，

但用戶還是不斷增加，股價也從 2016 年的 150 美元漲到超過 320 美元。另一家重要的金融資訊公司標普全球（S&P Global），股價從 5 年前不到的 100 美元漲至超過 300 美元，在 2020 年的 12 月，標普全球公布將以 440 億美元收購另一家資訊公司埃信華邁（IHS Markit）。

資訊就是金錢，有錢才能買得到最快的資訊，小投資者的資訊永遠比不上大投資者，因此在短線交易上，小投資者永遠處於不利的環境。

## 找到自己的優勢

以上說了許多如何「知彼」，卻沒有提到「知己」的重要。「一樣米養百樣人」，每一個人都不同，很難用同一種方法訓練自己，但重點是一樣的，不要犯同樣的錯誤，只要不犯錯或是少犯錯，投資報酬就會改進。在這麼多年的投資經驗裡，我也曾經犯過許多的錯誤。

巴菲特說過：「股市沒有三振出局這件事，你不必對每

一個投資機會都揮棒，你可以慢慢等待適合你球。」棒球比賽有三振這個規則，如果三次好球而沒有揮棒，打擊手就出局了，但投資者不必擔心三振，可以耐心地等待，等找到你滿意的投資機會才揮棒。在練習投資的初期，最常發生的情況就是現金不足，沒錢買自己喜歡的股票，原因往往是太早揮棒。每一個人喜歡的球路不同，不必一味地盲從其他人的選擇，經過學習和反省，找到自己了解的區域，投資自己了解的股票。

如果要做短線交易，那真的要了解自己，控制自己的情緒，《股票作手回憶錄》是必讀的書。多年前曾聽說，在紐約有個資深的交易經理建議另一個年輕的男性交易員吃女性賀爾蒙來增加對市場的判斷力，漸漸地年輕人開始打扮得像個女人，後來兩人不知是因為升遷還是分紅的問題對簿公堂，供詞中還有一些孩童不宜的情節，華爾街真是無奇不有。這裡不是建議吃女性賀爾蒙，重點是，短期交易需要許多的訓練和自我控制，不適合一般人。

長期投資比較單純，記得帳戶裡面不要留下一些不賺錢的公司，「留下賺錢的，砍掉賠錢的」是句投資者要牢記的

金玉良言。看好市場動向，少犯錯，多讀財務報表，在投資的過程中，認真讀資料是一個重要環節，華爾街兩位最有影響力的巴菲特和戴蒙每天都花相當多的時間在讀資料上，我們共勉之。

# ETF 和
# 其他投資項目

# 第 11 章

# 各類型 ETF

ETF 和信託基金是兩種投資基金的簡易方式。除了某些特殊基金，比如黃金或石油以外，大部分的基金背後是一個股票組合。基金投資報酬率的好壞，取決於股票組合的表現，因此，在投資基金時，投資人應該要知道背後的股票組合有哪些公司。

這樣的投資方式給投資人許多方便之處，比如說投資者買 SPDR 標普 500 指數 ETF（SPDR S&P 500 Trust ETF，代碼 SPY），一次交易可以同時按比例投資五百家公司，分散風險，投資者就不需要一家一家地選股購買。

ETF 和信託基金的最大不同在於交易方式，ETF 可以直接在市場交易，並且可以在開市的任何時間買賣，一天之內

的價格也不一定，隨著市場而變動。ETF 的交易和股票交易相似，一個人買，必然有另一個人賣，基金本身並沒有參與交易的過程，投資者的錢也沒有直接進入基金，所以有人稱之為封閉型基金（closed-end fund）。投資者從紐約時間早上 9 點半到下午 4 點都可以進行交易，為了維持市場秩序，造市者會隨時提供合理價格，買價和賣價稍有不同，當中的落差稱為買賣價差，也可以說是造市者的利潤，通常每股也就是幾分錢，投資者可以清楚地看見，除此之外，沒有其他隱藏的交易費用。

信託基金每天只能交易一次，依據基金當日收盤資產淨值（Net Asset Value，簡稱 NAV）交易，買或賣都在一樣的價格，投資者必須在美國紐約時間下午 4 點之前做決定，但價格是在下午 5、6 點才計算出來。有些信託基金會另外收取其

| 基金類型 | 交易方式 | 每日交易次數 | 交易價 |
|---------|---------|------------|--------|
| ETF | 封閉式 | 無限 | 市場價 |
| 信託基金 | 開放式 | 1 次 | 收盤資產淨值 |

**圖表 11-1　比較 ETF 與信託基金**

ETF 和信託基金的最大不同在於交易方式。

他交易費用，投資者在買賣前應該看清楚。信託基金也被稱為開放型基金（open-end fund），投資者將錢直接領取或存入基金，因此基金的規模會隨著投資者的買賣而改變。

基金的管理方式一般有兩種：被動型和主動型。主動型的基金通常管理費較高，基金管理者有選擇股票的管理權，希望利用他們的專業知識來達到比市場高的投資報酬率（雖然一半以上事與願違）；而被動型的基金必須依照既定的指數來投資，管理上比較容易，所以費用較低。近幾十年來，過半的主動型基金表現都比標普 500 指數基金還差，費用又高，所以愈來愈多的投資者選擇以指數為主的被動型基金投資。大部分的 ETF 都是被動型基金，管理費用低，容易買賣。

由於投資者的喜好，市場上出現愈來愈多不同類型的 ETF，某種程度來說，ETF 反映了整個股票市場各類型的投資選擇，只要有投資者的關注或期望，就有公司創立新的 ETF 來滿足投資者。以下是四個比較重要類型的 ETF：美股基金（US Equity Fund）、國際股票型基金（International Equity Fund）、債券型基金（Fixed Income Fund）、大宗商品型基金（Commodity Fund）。目前美國市場有將近七千個不

同類型的 ETF 可供選擇。

除了以上四種類型，其他還有貨幣基金或是槓桿 ETF。貨幣基金不是真正的投資，而是短期投機式的操作。槓桿 ETF 讓投資者以一倍的錢買三倍的每日股票漲跌，非常不適合一般的投資者。

## 美股 ETF

這是最常見、也是最受歡迎的 ETF 選項，最大的就是標普 500 為主的 ETF，投資者有 SPY、IVV、VOO 可以選擇。

標普 500 涵蓋美國前五百大各類型的公司，如果投資者僅對某一類型的企業有興趣，可以投資產業型基金。道富公司（State Street）有一系列的產業型基金，以金融、科技、工業、消費必需品、醫療等產業為主要投資標的，比如道富 SPDR 高科技指數基金（Technology Select Sector SPDR Fund，代碼 XLK）、道富 SPDR 金融指數基金（Financial Select Sector SPDR Fund，代碼 XLF）、道富 SPDR 能源指數基金（Energy

Select Sector SPDR Fund，代碼 XLE）。在 XLK 的資產中，微軟和蘋果的股票占超過 40%。想知道你買的 ETF 有那些股票，上網搜尋，在雅虎財金網就可以找到，各基金經營管理公司也會在官網上提供更詳盡的資料，說明它們管理的基金內容。圖表 11-2 是幾個比較大的 ETF 截至 2020 年底的資料。

因為經濟發展是有週期性的，在蕭條的時候，消費必需品企業會表現比較好；但是當經濟恢復成長，原料、科技和金融企業可能受益較多，這是為什麼有些投資者會在不同產業之間隨著經濟週期而改變投資項目。

也有投資人是依照公司成長的週期來投資，所有公司一開始都是小公司，稱為小盤股（small cap）。羅素 2000 指數（Russell 2000）是常被引用的小型公司指數。中型公司叫中盤股（mid cap），公司市值通常在 20 至 100 億美元，安碩羅素中型股指數基金（iShares Russell Mid-Cap ETF，代碼 IWR）就是以羅素中型公司為指標的 ETF。大型國際公司叫大盤股（large cap），標普 500 可以視為此類。大型國際公司占了整個美國股市價值的 91%。

各公司的成長率也不同，高成長的叫做成長股；高股息的叫做高股息股；本益比低、獲利穩定的叫做價值股。投資者可以依需要選擇不同的類型，通常退休的人希望有穩定的股息，可以選擇高股息基金或價值股；如果年輕人看好新興

| ETF<br>代碼 | 主要投資標的 | 基金規模<br>（億美元） | 管理費 | 過去 12 個<br>月殖利率 | 2020 年<br>投報率 |
|---|---|---|---|---|---|
| SPY | 標普 500 | 3321 | 0.095% | 1.52% | 17.3% |
| QQQ | 納斯達克 100 | 1519 | 0.2% | 0.55% | 46.2% |
| VGT | 資訊業 | 416 | 0.1% | 0.82% | 43.4% |
| XLV | 醫療保健 | 256 | 0.13% | 1.49% | 13.0% |
| XLI | 工業 | 163 | 0.13% | 1.55% | 8.9% |
| XLP | 消費必需品 | 133 | 0.13% | 2.50% | 11.0% |
| XLF | 金融股 | 249 | 0.13% | 2.03% | −2.6% |
| XLU | 公用事業 | 188 | 0.13% | 3.14% | 1.8% |
| VNQ | 地產公司 | 310 | 0.12% | 3.93% | −3.5% |
| IJH | 中型公司 | 538 | 0.05% | 1.28% | 13.4% |
| VBR | 小型公司 | 178 | 0.07% | 1.68% | 6.0% |
| PFF | 優先股 | 195 | 0.46% | 4.79% | 7.3% |

**圖表 11-2　產業 ETF**

表中的投報率是從 2020 年初到年底的股價表現，包括股息再投資。這裡僅列出幾個大的 ETF，市場上有更多的標的供投資者參考選擇。資料來源：各 ETF 網站。

產業，成長股便是個選擇。

## 其他國家 ETF

在美國股市，可以經由 ETF 和美國存託憑證（American Depositary Receipt，簡稱 ADR）來投資其他國家的股市。ADR 是單股，比如 BABA 是阿里巴巴在美發行的股票，TSM 是台積電在美發行的股票。

ETF 更是一個簡單的方式，光是中國股市就有四十多種 ETF 供選擇，日本、台灣、香港、歐洲各國也都有。投資外國股市，稅的問題需要和會計師討論研究，有些國家會直接扣除股息的稅。外國指數基金的管理費也相對高一些。

MCHI 和 FXI 雖然都是中國股市 ETF，但背後的投資組合不同，因此投資報酬率也有非常不同。FXI 依富時中國 50 指數（FTSE China 50）做投資，是以大型公司為主。MCHI 依 MSCI 中國指數（MSCI China）投資，投資組合中，阿里巴巴和騰訊的比重比較高。在有多個指數 ETF 可以選擇時，

投資者應該了解 ETF 背後的投資組合差異。

台灣的 EWT 在 2020 年表現不凡，台積電占了 EWT 的 22.3%。台積電 2020 年的投資報酬率高達 86.5%，占了 EWT 投資報酬率的一半以上。

| ETF 代碼 | 名稱 | 基金規模（億美元） | 管理費 | 過去 12 個月殖利率 | 2020 年投報率 |
|---|---|---|---|---|---|
| MCHI | 安碩 MSCI 中國指數基金 | 65 | 0.59% | 1.04% | 23.7% |
| FXI | 安碩中國大型股指數基金 | 41 | 0.74% | 2.19% | 5.9% |
| EWJ | 安碩 MSCI 日本指數基金 | 135 | 0.49% | 1.04% | 14.2% |
| EWT | 安碩 MSCI 台灣指數基金 | 55 | 0.59% | 1.83% | 29.8% |
| EWH | 安碩 MSCI 香港指數基金 | 15 | 0.49% | 2.56% | 1.7% |
| VGK | 先鋒歐洲股市指數基金 | 143 | 0.08% | 2.11% | 4.6% |
| EWG | 安碩 MSCI 德國指數基金 | 26 | 0.49% | 2.10% | 8.8% |

**圖表 11-3　國際股市 ETF**

表中的投報率是從 2020 年初到年底的股價表現，包括股息再投資。這裡僅列出幾個大的 ETF，市場上有更多的標的供投資者參考選擇。資料來源：各 ETF 網站。

# 債券 ETF

當經濟不景氣，市場低迷，央行降息時，信用好的債券仍支付即定的利息，對許多退休的人來說，債券投資是比較安全的選擇，無論經濟好壞，投資者都可以享受固定的收入。不過要注意債券信用評等，美國政府公債最保險；投資級債券是有信譽的大公司，倒閉的機率較小；高收益債券有高利

| ETF 代碼 | 投資標的 | 基金規模（億美元） | 管理費 | 過去 12 個月殖利率 | 2020 年投報率 |
|---|---|---|---|---|---|
| SHY | 短期美國政府債券 | 197 | 0.15% | 0.94% | 3.0% |
| STIP | 0-5 年期抗通膨債券 | 29 | 0.05% | 1.4% | 5.0% |
| AGG | 美國政府債券 | 853 | 0.04% | 2.14% | 7.2% |
| BND | 美國政府債券 | 682 | 0.035% | 2.38% | 7.6% |
| LQD | 投資級債券 | 552 | 0.14% | 2.66% | 10.7% |
| BNDX | 國際債券 | 373 | 0.08% | 1.11% | 4.4% |
| HYG | 高收益債券 | 258 | 0.49% | 4.88% | 4.0% |

**圖表 11-4　債券 ETF**

2020 年，美國政府 10 年債券的利率從 1.88%跌到 0.92%，債券的價格和利率的漲跌方向相反，因此債券 ETF 的投報率還不錯。資料來源：各 ETF 網站。

率，伴隨而來的是高風險。國際債券要看是那些國家，德國和日本的利率非常低，但信用高；拉丁美洲債券曾經有過幾次信用危機，利率高、但風險更高。

2020 年從年初到年底，美國政府 10 年債券的利率從 1.88％跌到 0.92％，債券的價格和利率的漲跌方向相反，利率跌，價格就會上漲，這是為什麼 2020 年債券 ETF 的投資報酬率還不錯。

如果 2021 年的利率比 2020 年的利率高，美國政府債券的投資報酬率將低於 1％。投資者不能只用過去的資料來估計未來的投資報酬率。美國政府 10 年期債券的利率是最常用的指標，在投資債券 ETF 前，應先參考了解。

## 貴重金屬 ETF

如果投資人覺得經濟可能面臨危機，想找一個安全的地方躲起來，黃金是一個選擇。白銀可做飾品，也是工業用原料，所以走勢不如黃金明確，一般還是跟著黃金走。道富財

富黃金指數基金（SPDR Gold Trust，代碼 GLD）和安碩白銀信託基金（iShares Silver Trust，代碼 SLV）是實際擁有黃金或白銀，雖然沒有送到投資者家裡，但黃金確確實實存在銀行的保險箱中，有一部分的管理費就是用來支付保險箱的費用。另一種投資黃金的方法是投資金礦公司，黃金還埋在地下，所以不需負擔保險箱的費用，金礦公司還會發放股息。

很明顯地，黃金和白銀都不支付股息，它們的 ETF 管理費也比美國指數基金高。2020 年，黃金和白銀都有不錯的表現，但如果以過去 10 年來看，GLD 的年投資報酬率是 2.5%，

| ETF 代碼 | 投資標的 | 基金規模（億美元） | 管理費 | 過去 12 個月殖利率 | 2020 年投報率 |
|---|---|---|---|---|---|
| GLD | 黃金 | 716 | 0.4% | 0 | 24% |
| IAU | 黃金 | 321 | 0.25% | 0 | 24% |
| SLV | 白銀 | 148 | 0.5% | 0 | 46% |
| GDX | 黃金礦業公司 | 165 | 0.52% | 0.53% | 23% |
| USO | 石油 | 36 | 0.72% | 0 | － 67% |

**圖表 11-5　貴重金屬和石油 ETF**
黃金和白銀都不支付股息，ETF 管理費也比美國指數基金高。資料來源：各 ETF 網站。

而 SLV 的年投資報酬率是負 2%，是賠錢的。相對來說，指數基金 SPY 過去 10 年的平均年投資報酬率高達 13.7%（包括股息再投資）。投資要看長期的結果，短期波動是一時的。

# 第 12 章

# 房地產與 REIT

　　房地產一向是台灣人喜歡的投資方式，相對於股市，房地產看得見、摸得到、用得到，感覺上風險比股市低一些。尤其台灣房地產稅和管理費用比較低，就算自己住不到，也能給人保值的感覺。美國的房地產就不一樣了。一幢紐約郊區 150 萬美元的洋房，每年房地產稅就要將近 3 萬美元，再加維修費用和房貸利息，一年可能要花費將近 7 萬美元。

## 房地產的投資報酬

　　以下就以美國南部城市為例，試著計算房地產的投資報酬。假設一間 50 萬美元、30 多坪的兩房一廳公寓，一個月房租 2,400 美元，還要扣除房屋稅每年 5,000 美元，管理費每

月 500 美元⋯⋯圖表 12-1 是從買房出租的情形來看，以實際支出為主，而非從會計的角度來看，否則每年房屋折舊必須依照會計準則來報。此外，我也假設房東自己管理出租，人事管理的費用沒有納入。買房出租，房東多多少少要做些事情，比如找房客、找水電工修理房子等等。寶貴的時間本來可以花在其他地方，為了房租收入，就必須投入時間，當然也可以請人代勞，但那會減少收入。空屋期損失的收入，嚴格說來也必須計算在內，但我們暫時省略。

房貸前淨利指的是房租收入減去房屋稅、管理費，以及保險和維修的支出，但不包括房貸利息支出。在計算房地產的價值時，第一步通常不將房貸支出算進來，這也是一個很重要的金融概念——投資與融資決策分離，融資指的就是借貸或發行股票。這個概念和第 8 章的風險有些相似，借貸可以用來增加投資報酬率，但同時也增加風險。所以在分析投資報酬率的第一步，通常先不考慮借貸的支出。

有了房貸前淨利後，我們就可以計算收益資本化率（Capitalization rate，簡稱 CAP rate），計算公式就是房貸前淨利除以房地產總值。

| | 貸款 40 萬 | 貸款 30 萬 | 貸款 25 萬 | 現金購買 |
|---|---|---|---|---|
| 房租年收入 | 28,800 | 28,800 | 28,800 | 28,800 |
| 房屋稅 | (5,000) | (5,000) | (5,000) | (5,000) |
| 管理費 | (6,000) | (6,000) | (6,000) | (6,000) |
| 房屋保險 | (800) | (800) | (800) | (800) |
| 房屋維修 | (500) | (500) | (500) | (500) |
| 房貸前淨利 | 16,500 | 16,500 | 16,500 | 16,500 |
| 房貸利息 3% | (12,000) | (9,000) | (7,500) | 0 |
| 現金流 | 4,500 | 7,500 | 9,000 | 16,500 |
| 假設本益比 | 22 | 26 | 27 | 30 |
| 收益資本化率 | | | | 3.3% |

**圖表 12-1　美國南部城市的房地產投資**

實際本益比應依照會計準則計算，表中的本益比僅供參考。當收益資本化率高於房貸利率時，貸款可以降低本益比，增加投資報酬率。

**收益資本化率＝房貸前淨利 ÷ 房地產總值**

收益資本化率是衡量房地產投資獲利能力的指標，一般商業投資都要求在 5% 以上。以這個例子來說，收益資本化率是 3.3%，假設房地產不會增值，也不會減值，房租永遠不變，收益資本化率就是投資者預期的投資報酬率。

如果依照第 7 章的股息貼現模型來計算，假設房租每年成長 3%，現金購買的投資報酬率大約是 6.3%（3.3% ＋ 3%）。不同的城市、不同的時間，也會有不同的成長率。一般高成長的地區，收益資本化率會低一些，而低成長率的地區，收益資本化率會比較高。假設投資者都是理性地追求整體投資報酬率，這個現象也是股息貼現模型預測的結果。

接下來投資者可以考慮利用貸款來增加投資報酬率，當收益資本化率高於房貸利率時，貸款可以降低本益比，增加投資報酬率；但若房貸利率高於收益資本化率，房貸反而會降低投資報酬率。因此，高利率的環境下，投資者應該要求高收益資本化率。

房貸和借錢買股票是不同的，房地產的風險較低，尤其是自用住宅，因此借貸是正常的選擇。經由借貸增加投資報酬率之後，房地產投資結果會與股市差不多或更好，但在沒有貸款的情形下，在美國房地產投資的報酬率一般低於股市。

稅金、保險、管理維修費、房租成長率，每個地區都不同。在美國，稅金和管理維修費比台灣高出許多，也因此美國的房租比較高。即使在美國，不同區域也有很大的差別，紐約市和加州的管理費比美國中部和南部高出許多，尤其紐約市，兩房一廳的公寓，管理費每月往往就要 2,000 美元。因此投資房地產，投資者必須依區域做分析。

## 投資 REIT

自己買房子出租，有許多的功課要做，從找房客到維修，都得花時間。如果投資者不想花時間管理房地產，美國股市也有類似房地產的投資選項，一切管理都是企業化經營。

美國股市有種股票叫做不動產投資信託（Real Estate

Investment Trust，簡稱 REIT），本身不用繳公司稅，所以這種結構的公司有些稅賦上的好處。此外，政府規定 REIT 必須把 90% 以上會計淨利以股息發給股東，對於希望有穩定股息收入的投資者，這是一個可以考慮的投資選項。

如同房地產市場，REIT 的投資範圍也很廣泛，有些是以住宅公寓大廈為主，有些以購物中心為主，也有以辦公大樓、旅館或養老院為主的，近幾年，最熱門的是數據中心（例如 Equinix 公司）、行動通信基地台（例如美國電塔公司〔American Tower〕），以及配送中心（例如普洛斯公司〔Prologis〕）。Equinix 的股價便從 2003 年每股 3.5 美元漲到 2020 年每股 714 美元，漲了兩百多倍。美國電塔公司雖不如 Equinix，但從 2000 年來也漲了一百倍。

個人投資房地產，往往資金有限，僅能投資住宅。投資 REIT 的好處是有專業人士經營，小股東不需要花時間管理，選擇性也比較多，美國股市有上百家 REIT 可供選擇。如果你曾經在紐約逛街購物，你可能去過伍柏瑞購物中心（Woodbury Common），那是賽門房地產集團（Simon Property）擁有的。走在紐約市的高樓大廈之間，許多地標商

業大樓是格林不動產公司（SL Green）、沃納多不動產投資信託（Vornado Realty Trust）或帝國房地產（Empire State）擁有的。比如說，紐約中央車站旁正在興建的一棟商業大樓范德堡一號（One Vanderbilt）就是格林不動產所有的，著名的帝國大廈則是隸屬於帝國房地產旗下。如果你喜歡紐約市的旅館，有些是 HOST 集團（Host Hotels & Resorts）擁有的。想要坐擁曼哈頓的繁華，投資人不需要親赴紐約，就可以投資紐約曼哈頓各類型的房地產。

因為疫情和在家上班的趨勢，紐約市的商業大樓租金看跌，有人預測租金將從每年每平方英尺 77 美元跌至 70 美元以下。在疫情持續擴散的 2020 年夏天，紐約市的商業大樓股價都已慘跌 50% 左右，投資者應該買入或是觀望呢？當本書付印的時候，也許我們可以看到答案。若對美國中部和南部的商業大樓有興趣，卡津斯不動產（Cousins Properties）、海伍茲不動產（Highwood Properties）就擁有許多中南部的辦公大樓。

投資人在衡量 REIT 的獲利時，主要是看營業現金流（Fund From Operations，簡稱 FFO），而不是以會計算出來

的淨利來衡量。因為淨利必須考慮折舊率,雖然大部分的房地產價值逐年增加,但從折舊的觀點來看,房地產價值逐年減少,因此淨利往往低於營業現金流。

圖表 12-2 和 12-3 列出幾個美國城市和 REIT 做比較,資訊的來源是我自己蒐集的,只能說是片面的資料,相信其他人會有不同的經驗。REIT 的價位是根據 2020 年夏末時為準,書還沒寫完,已經漲了約 10%。從收益資本化率來看,REIT 的投資報酬率比自己買房出租還划算。

圖表 12-2 包括了兩個我比較熟悉的城市:夏洛特市(Charlotte)和紐約市。前者位於美國南部,後者則是美國最大城市。圖表 12-3 的卡姆登不動產投資信託公司(Camden Property Trust)和公平住屋信託公司(Equity Residential)主要都是投資住宅型地產。卡姆登的房地產在美國南部,以 2020 年資料來看,在沒有貸款的情況下,投資報酬率比私人買房出租高出將近 2%。同樣的情形也出現在紐約市,公平住屋的房地產主要在紐約和加州,也比在紐約買房出租的投資報酬率多出 4%。COVID-19 疫情之前,公平住屋的股價曾經高達每股 85 美元,2020 年夏末,股價來到每股 55 美元,慘跌

|  | 台北市 | 夏洛特市 | 紐約市 |
|---|---|---|---|
| 資產價值 | 30,000,000 | 500,000 | 750,000 |
| 債務和優先股 | 9,000,000 | 150,000 | 225,000 |
| 投資額 | 21,000,000 | 350,000 | 525,000 |
| 債務占資產價值比例 | 30% | 30% | 30% |
|  |  |  |  |
| 租金 | 624,000 | 30,000 | 45,600 |
| 稅及維護費用 | (180,000) | (13,000) | (27,000) |
| 稅前利潤 | 444,000 | 17,000 | 18,600 |
|  |  |  |  |
| 房貸利息 | 1.6% | 3.0% | 3.0% |
| 利息 | (144,000) | (4,500) | (6,750) |
| 營業現金流 | 300,000 | 12,500 | 11,850 |
| 營業現金流／投資額 | 1.4% | 3.6% | 2.3% |
| 價格／營業現金流 | 70 | 28 | 44 |
|  |  |  |  |
| 租金／資產價值 | 2.1% | 6.0% | 6.1% |
| 營業成本 | － 0.6% | － 2.6% | － 3.6% |
| 營業回報（稅前） | 1.5% | 3.4% | 2.5% |
| 營業回報 | 1.4% | 3.6% | 2.3% |

**圖表 12-2　各地區房地產投資比較**

2020 資料，台北市以台幣為單位，其餘以美元為單位。對照圖表 12-3，卡姆登（CPT）和公平住屋（EQR）的收益資本化率比自己投資還好。此外，自購住宅投資在稅務上有些好處，投資前應與會計師商討。

| | 卡姆登<br>(CPT) | 公平<br>住屋<br>(EQR) | 埃塞克<br>斯信託<br>(ESS) | 艾芙隆<br>海灣<br>(AVB) | 波士頓<br>物產<br>(BXP) | 沃納多<br>(VNO) |
|---|---|---|---|---|---|---|
| 資產價值 | 11,550 | 30,100 | 20,700 | 29,100 | 28,700 | 16,900 |
| 債務和優先股 | 2,650 | 10,100 | 6,200 | 7,500 | 14,800 | 10,300 |
| 投資額 | 8,900 | 20,000 | 14,500 | 21,600 | 13,900 | 6,600 |
| 債務占資產<br>價值比例 | 23% | 34% | 30% | 26% | 52% | 61% |
| 租金 | 1,030 | 2,700 | 1,450 | 2,300 | 2,800 | 1,660 |
| 稅及維護費用 | (530) | (1,440) | (650) | (1,020) | (2,040) | (1,130) |
| 稅前利潤 | 581 | 865 | 1,018 | 1,500 | 1,175 | 945 |
| 房貸利息 | 3.1% | 3.9% | 3.5% | 2.9% | 2.8% | 4.0% |
| 利息 | (81) | (395) | (218) | (220) | (415) | (415) |
| 營業現金流 | 500 | 1,260 | 800 | 1,280 | 760 | 530 |
| 營業現金流／<br>投資額 | 5.6% | 6.3% | 5.5% | 5.9% | 5.5% | 8.0% |
| 價格／<br>營業現金流 | 18 | 16 | 18 | 17 | 18 | 12 |
| 租金／<br>資產價值 | 8.9% | 9.0% | 7.0% | 7.9% | 9.8% | 9.8% |
| 營業成本 | − 4.6% | − 4.8% | − 3.1% | − 3.5% | − 7.1% | − 6.7% |
| 營業回報<br>（稅前） | 5.0% | 2.9% | 4.9% | 5.2% | 4.1% | 5.6% |
| 營業回報 | 5.6% | 6.3% | 5.5% | 5.9% | 5.5% | 8.0% |

**圖表 12-3　各 REIT 比較**

2020 年資料，單位為百萬美元。因 2020 年的疫情，辦公大樓股受到的影響超過住宅用
房地產。

35%，比紐約房市的跌幅高出許多。

在分析 REIT 時，應該從整體企業價值來看，包括公司的借貸。從圖表 12-3 來看，辦公大樓的不動產投資信託，比如波士頓物產公司（Boston Properties）和沃納多，它們的借貸比住宅的不動產投資信託高出許多，這是辦公大樓的不動產投資信託在 2020 年跌幅比較大的原因之一。借貸會增加公司的固定支出，在經濟不景氣時，高固定支出會增加風險。

在各不動產投資信託公司官網的投資者關係頁可以找到許多重要資訊，包括房租收入、獲利率等。每股的營業現金流當然是最重要數據，其他如空屋率、房租價位、房客收入也都可以從網站上找到。比如說，公平住屋共有 7 萬 8,568 間公寓出租，平均房客的年薪是 16 萬美元，房租占房客薪水的 19.6%，整體空屋率大約 5%等等。

不喜歡和房客打交道，又希望擁有房地產，可以考慮將部分資產放在 REIT。如果用股息貼現模型來看，住宅用 REIT 的股息大約 3.5%，若是大膽假設股息可以穩定每年成長 4%，那麼投資報酬率將會有 7.5%左右。

# 第 13 章

# 其他投資項目

　　每個投資人的背景和知識範圍不同，就像棒球打擊者喜歡的擊球區不同。好的投資人不需要什麼都懂，也不需要和別人一樣，只要選擇自己熟悉的擊球區，投資自己了解的公司和市場，最後還是會有好結果的。

## 優先股

　　報章雜誌經常提到，巴菲特在 2008 年金融危機時買了許多的銀行優先股，包括美國銀行和高盛集團（Goldman Sachs）。因為那時候銀行缺乏現金，而巴菲特的公司擁有現金，再加上巴菲特名氣大，銀行可以借巴菲特的名聲肯定自己的信用。巴菲特當時買進的優先股都有 10% 的股息，更重

要的是，那些優先股還附贈權證（warrant）。以美國銀行的優先股為例，附贈的權證可以讓巴菲特以每股 7.14 美元的價格買 7 億股的普通股票。到 2018 年時，美國銀行的股價已經漲到超過 30 美元，巴菲特在不到 10 年的時間，賺了大約四倍（包括股息）。因為銀行急著要錢，沒時間慢慢賣給小投資人，所以這些優先股小投資人是買不到的。

「優先」指的是股息，如果公司要發放股息，必須先發放優先股的股息。倘若公司破產，優先股拿到錢的順位也在普通股票之前，但在公司債券或銀行欠款之後。優先股的股息通常是固定的，比如美國銀行其中之一的優先股 BAC-L，每年股息是 72.5 美元，即使公司營收不理想，可能會停發普通股的股息，但除非公司瀕臨破產，一般不會停發優先股的股息。在 2008 年金融危機時，美國銀行仍持續發放所有的優先股股息。一家公司往往只有一、兩種普通股票，但可能有許多不同的優先股，差別在於股息的多少，和公司收購或轉換的可能性。

雖然投資者買不到巴菲特買的優先股，但當時市場上還是有很多便宜的優先股供散戶購買，比如花旗銀行的優先股，

在 2009 年時，股息利率曾高達 38%。當時我每天晚上下班回家後，便坐在地下室的電腦前分析各銀行的優先股，資訊可以從各家公司的網頁上找到，也可以從 QuantumOnline.com 的網頁上找到。當時，大部分的人都因金融危機而賠錢，我則靠著這些優先股轉輸為贏。

優先股的好處是股息固定不變，所以風險較低；而壞處也是股息固定不變，即使公司賺大錢，優先股的股東還是拿一樣的股息。回到美國銀行的優先股 BAC-L，每股股息一年 72.5 美元，如果你在 2009 年以每股 400 美元的價位買入，這相當於 18% 以上的年利率：如果你在 2020 年以每股 1,500 美元的價位買入，這相當於 4.8% 的年利率。2009 年 3 月股市最低點時，投資人可以用每股 285 美元買入，相當於 25% 的年利率。巴菲特在 2009 年買進了許多好的優先股，其實小股東也是有許多的機會的，BAC-L 只是一個例子，當時所有的優先股都非常便宜。

除了股息利率外，其他重要的考量因素是潛在的選擇權。比如說公司有權以票面價值買回優先股，這種權利在公司手裡，不利於股東，因為公司可能在利率低時買回高利率

的優先股。為了補償這種有利於公司的選擇權，市場可能要求高一點的利率。投資者在購買優先股之前，應先了解公司是否有權在某個特定時間之後，以票面價收購優先股。

還有一種選擇權是股權轉換（stock conversion），公司或投資人有權將優先股轉換成普通股票，這樣的優先股又稱為可轉換優先股（convertible preferred stock）。轉換價格愈低，每股優先股就能換成愈多的普通股，因此優先股的價值就愈高，股息利率就會比較低；相反地，轉換價格愈高，優先股的價值就會低一些，股息利率就應該高一些。再以 BAC-L 為例，它的轉換價格是 50 美元一股，相較於巴菲特的優先股轉換價格 7.14 美元高出許多，但當時 BAC-L 的股息利率約 18%，巴菲特的優先股股息利率是 10%。因此，投資者在購買優先股之前，應先了解轉換普通股的條件和價位。許多優先股的資訊可以在 QuantumOnline.com 找到，各家公司官網也有更準確的第一手資料。

如果投資者不願自己做功課投資優先股，又想分散風險，將一部分的資金放在優先股，領取固定大約 5%的股息，ETF 是一個選擇。例如安碩優先股與收益證券基金（iShares

Preferred and Income Securities ETF，代碼 PFF）或是景順投信優先股基金（Invesco Preferred ETF，代碼 PGX）。

## 期貨交易

2020 年 4 月 20 日週一，德州石油期貨從上週五的 18.27 跌至負 37.63 美元，跌幅是 56 美元，而且是負的價位。這個負 37.63 美元價位的意思是，賣方除了願意免費贈送一桶原油之外，還願意另外付錢給買方 37.63 美元。這是前所未有的低價位，但小投資人可以從中獲利嗎？

先從 4 月 17 日週五的油價講起，當天收盤每桶油價 18.27 美元，已經是自 1999 年 6 月 28 日以來的最低點。如果投機者在這天買了一個合約，在週一將賠 5 萬 6,000 美元。每一個石油期貨合約代表 1,000 桶的原油。

話說，石油是很有價值的東西，為什麼有人願意給錢又給石油？天底下真有這麼好的事？因為石油期貨交貨的地點和時間有一定的規定，必須在美國奧克拉荷馬州一個叫庫欣

（Cushing）的地方提交貨，不能爽約，否則會有很大的罰款，偏偏所有附近儲油槽在交貨的日子都滿了，可能連運油的卡車也租不到，石油對環境會造成汙染，所以也不能隨便倒掉，即使有好的油價，小投資人買了也無法處理。

買賣石油的公司通常都有專人處理運輸儲存的事項，很多公司甚至有自己的儲油槽，這些細節小投資人無法掌握，甚至想都沒想過。2020 年 5 月《經濟學人》有篇文章報導了幾家成功的石油交易公司，比如說嘉能可（Glencore）、托克（Trafigura）及維多（Vitol），這些公司成功地掌握原油的運輸、存儲、生產的資料，雖然原油近年的價格不好，這些公司仍能成功獲利。它們獲取的利潤有部分就來自那些資訊不足的散戶。

既然不能買賣石油期貨，那能買賣農產品期貨嗎？比如說玉米、柳橙、大豆、棉花？對沖基金和農產品交易公司天天用衛星看著農作物生產情形，而小投資人沒有這樣的資訊，就像矇著眼和身高一米九的大漢打架，贏的機會是零。農產品也有儲存、運輸、銷售的細節要處理，不是一般人能夠輕易從中獲利的。

期貨是給大盤交易用的，用來管理風險和鎖定利潤。雖然每一個合約的數量都很大，需要的資金卻很少，交易者只要有 4,510 美元就可以買賣一個 1,000 桶原油的石油合約，像是四兩撥千金。然而，每天價位波動後，證券公司會立刻計算盈虧，虧的話，現金必須立刻補進。雖然初期款少，但後續的盈虧要天天計算，交易者如果不能即時補上虧損，證券公司就會立刻在市場上處理掉合約。

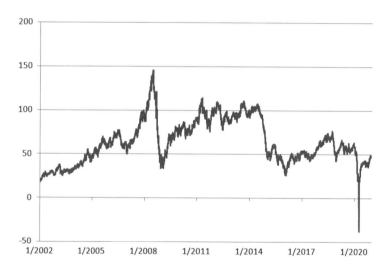

**圖表 13-1　石油期貨價格走勢圖**

期貨的複雜程度超出一般投資人的想像，最好不要碰。資料來源：彭博。

期貨的複雜程度超出一般投資人的想像，最好不要碰，這是對小投資人最好的建議。


## 黃金

關於投資黃金，網路上有個未經證實的說法：有位黃金分析師提到，在《舊約聖經》時代，一兩黃金可以買 350 條麵包，而今天，一兩黃金仍然可以買大約 350 條的麵包。當然麵包有便宜有貴的，我們就不鑽牛角尖了。這個黃金價格的說法有兩層意義：一是黃金可以保值，經過數千年，黃金仍然持有相似的購買力，尤其是生活必需品的購買力；二是黃金的價格相對於物價並沒有太大的增加，黃金本身沒有生產能力，它的價值取決於它的稀缺性，以及人們對它保值的信任。

黃金的另一個特性是負收益（negative yield），因為投資人必須負擔儲存黃金的費用，現在大多儲存在銀行或央行的保險庫裡。這個負收益的特性，使許多投資人卻步，包括巴菲特。儘管如此，黃金仍然有一定的愛好者。由於黃金 ETF 的發行，對黃金投資的需求似乎增加了，也因此黃金在過去

30 年的投資報酬率高達 6%。但過去 100 年黃金的投資報酬率僅 3.6%，並沒有比這 100 年來的通貨膨脹率 3%高出太多。

　　一般人的想法是，黃金的價格應該和通貨膨脹率呈負相關性，但一些著名分析師研究的結果指出，黃金的價格和股市的投資報酬率呈負相關性。也就是說，如果市場認為股市未來表現會不好，投資者就會把錢轉到黃金；如果股市平穩

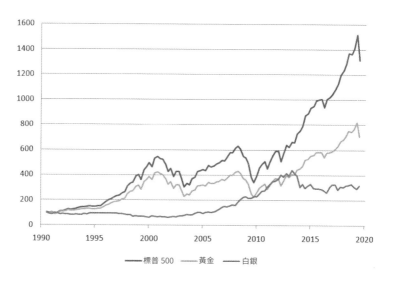

**圖表 13-2　黃金、白銀和標普 500 的投資報酬比較**

上圖以 1991 為 100，從 1991 年 6 月至 2020 年 6 月，長期來說，金、銀的投資報酬率還是不如標普 500 指數。資料來源：彭博。

成長，多餘的儲蓄就留在股市。我曾經把黃金和股市的投資報酬率做過比較，證實了這個說法，不過必須用 5 年的投資報酬率來計算，負相關性在短期的一、兩年間並不明顯。

投資黃金有兩種方式，一是直接購買黃金，存在家裡或保險箱；二是經由 ETF 基金購買，就不必擔心安全問題。目前最大的黃金 ETF 是道富財富黃金指數基金（代碼 GLD）。由於 ETF 的流行，投資黃金變成一個簡單方便的選項，隨時可以交易。另一個投資黃金的方式是買金礦公司，金礦公司挖掘黃金，當金價上漲，自然有利於金礦公司的獲利。

巴菲特曾經多次提到，他認為黃金不是一個好的投資選擇，但在 2020 年的第二季，巴菲特的公司買進了一些巴里克金礦公司（Barrick Gold）的股票，令許多人非常意外！

## 比特幣

投資比特幣（Bitcoin）可以說是一種 speculation。我想試著翻譯 speculation，谷歌翻譯為投機，投機聽起來有些負面，

另外有些翻譯為推測或猜測，很可惜沒有一個中文字可以適當地形容 speculation。《韋伯字典》對 speculation 的解釋是「經由承擔不尋常的風險而冀望得到相當高的利益」。投資比特幣的風險是不尋常的，它目前的商業價值仍然有限，未來的商業價值還不確定，新的加密貨幣隨時可以經由區塊鏈的科技創造出來，未來的競爭也無法推斷。

區塊鏈的科技已開始初步地用於商業，未來商業創新應用的潛力更大，就看大家想像、創新的能力，中國政府已開始發行人民幣加密貨幣便是一例。即使在沒有網路連線的時候，例如災難或停電的情況下，人們仍然可以利用加密貨幣付款交易。但投資者不可把區塊鏈和比特幣畫上等號，比特幣僅僅是區塊鏈的一個應用而已，區塊鏈的成功不能保證比特幣的價位上漲。

比特幣在 2020 年初時，價值大約在 7,000 美元，到了年底，已經衝上 3 萬 2,000 美元以上，其中一個原因是有幾家對沖基金和投資基金開始投資比特幣。有人大量地買，比特幣的價值自然就上漲，加上對沖基金的投資，帶給市場更多的信心，畢竟比特幣的價值完全依賴市場的信心。上一次比

特幣衝上接近 2 萬美元是 2017 年底，但接下來的 2018 年卻一路狂跌至 4,000 美元以下。未來比特幣的發展仍充滿了不確定性和不尋常的風險。

比特幣目前沒有任何國家或政府的支持，它的價值是因為有人相信它有價值，所以價值高低取決於人們對它的信認程度。如果沒有人相信，它就一文不值。有興趣的人可以用兩種方式取得比特幣，一是利用電腦程式來挖掘，二是花真的錢去買。比特幣既不發股息，也不能生產任何人類可以享受的東西或服務，這完全不是我的擊球範圍，我的選擇就是敬鬼神而遠之。

# 第 14 章

# 投資藝術品

我在清華大學念書時，讀到余光中翻譯的《梵谷傳》，除了梵谷坎坷的一生、他為藝術的堅持，也欣賞到梵谷在畫裡留下像燃燒的火浪般的深刻風景，那鮮明的律動讓星夜更加迷人。他筆下的雲、樹、草原、星子、河流，乃至每一朵花展現的生命力，都深深地感動無數後世的欣賞者。

梵谷身後享負盛名，身前卻賣不出幾張畫。我禁不住想，要是我將來能夠找到一個像梵谷一樣偉大的畫家，我一定要好好買他幾幅畫，可以欣賞，然後留給子孫。

梵谷一生的藝術作品有 2,000 件左右，其中畫作有 900 件，現在他的畫最低估價 5,000 萬美元一幅，也就是說，梵谷一生的創作在今天有 450 億美元的價值。據說梵谷一生只

賣了一幅畫，在 1890 年以 400 法郎賣出，依當時貨幣，約 80 美元。從 1890 年到 2020 年，經過了 130 年，價值從 80 美元到 5,000 萬美元，成長 62 萬 5,000 倍，平均年投資報酬率約 10.8%。

畢卡索是在生前就已經成名的畫家，他在 1974 年過世時，遺產估計有 1 億到 2 億美元，以今天的貨幣價值來說，大約有 5 億到 10 億美元的財富。2015 年 5 月，在佳士得拍賣會上，畢卡索的《阿爾及爾的女人（O 版本）》（*Women of Algiers, version O*）以 1.79 億美元售出，創下拍賣市場的紀錄。這幅畫創作於 1955 年，當時畢卡索畫了 15 幅畫，以 21 萬 2,500 美元的價格賣給甘氏家族（Ganz），平均一幅畫約 14,167 美元。這幅畫曾在 1997 年以 3,190 萬美元交易過，甘氏家族把它賣給匿名買者。從 1955 年至 2015 年，這幅畫的價格成長了 12,635 倍，平均投資報酬率約 17%。從 1997 年至 2015 年，投資報酬率也有每年 10% 左右。顯然地，從原畫家手上買畫的投資報酬率比較高。

股票的價值是投資報酬，而藝術品除了投資報酬以外，還會帶給世人許多無形的喜悅、見識和想像。每年有超過

700 萬人參觀紐約大都會藝術博物館，欣賞從古埃及至印象派和現代美國的藝術。每年有將近 1,000 萬人享受羅浮宮的珍貴藝術品，在《蒙娜麗莎的微笑》前駐足流連。這些無形的價值可能遠遠超過投資報酬率。

## 《蒙娜麗莎的微笑》

說到藝術品，幾乎沒有人不知曉《蒙娜麗莎的微笑》，可以說是達文西最知名的巨作。這幅畫並不大，只有約 53 公分寬、76 公分長，據說是達文西在 1505 年左右的作品。達文西在 1519 年過世後，他的助手以 4,000 枚金幣賣給法國國王法蘭西（King Francis），從此進入了羅浮宮的收藏。這幅畫是每年 1,000 萬羅浮宮參觀者必看的藝術品。

在這樣偉大的藝術品面前，似乎不該以金錢來衡量它，不過，為了從投資的角度來看藝術品，不提《蒙娜麗莎的微笑》似乎少了一個很好的例子。4,000 枚金幣大約值多少錢？根據網路資料，一枚法國金幣在今天的市場價值約 500 歐元，相當於 600 美元，這價錢包括金幣作為古董的價值，所以高

於等重量黃金的價值。保守來算，假設法國國王在 1519 年
左右花了 200 萬美元買下《蒙娜麗莎的微笑》，那麼《蒙娜
麗莎的微笑》今天價值多少？很多人可能會說是無價之寶，
事實也是如此，但這樣我們就無法計算投資報酬率了。姑且
假設 10 億美元的價值，10 億美元可以買八架 F16V。從 1519
年到 2020 年，世界經歷了法國革命、一戰、二戰，和其他無
數的事件及危機，在這 500 年間，無數的人因為看見《蒙娜
麗莎的微笑》而歡喜一整天，無數的人見證了人類藝術的偉
大，除此之外，《蒙娜麗莎的微笑》的價值比黃金多成長了
五百倍。

## 藝術品的投資報酬

南加州大學商學院教授亞瑟・科特維格（Arthur
Korteweg）根據 52 年的藝術品買賣紀錄發現，藝術品的
投資報酬率比股票市場好，原因之一是所謂的處分效應
（disposition effect）。處分效應是一個選擇上的乖離，容易發
生在不常交易的商品上。好賣的藝術品才會放進市場，不好
賣的，擁有者可能只好放進庫存等待。這個效應使得藝術品

看起來有比股市好的投資報酬率，但除去這個效應之後，藝術品的投資報酬率僅是股市的一半。

不過這個研究忽略了藝術品更重要的價值在於觀賞，大概沒幾個人會把股票掛在牆壁上，但一幅美麗的畫掛在牆上，可以美化環境，增添許多的樂趣和喜悅，這些無形的價值並不亞於有形的價值。

華爾街從古至今誕生了許多藝術品收藏者，歷史上最有名的銀行家約翰‧皮爾蓬‧摩根（John Pierpont Morgan）便是一例。美國目前最大的銀行摩根大通的名字就是來自於他。據說摩根每年會搭船去歐洲大肆蒐集藝術品，他過世後，後人為他的主要收藏成立了摩根圖書博物館（The Morgan Library & Museum），位在紐約市。

我於1992年初入華爾街時，在普惠（PaineWebber）工作，辦公室走廊掛著許多康寶濃湯罐頭畫作，後來才知道那是安迪‧沃荷（Andy Warhol）的傑作。當時的普惠執行長唐納德‧馬龍（Donald Marron）很有眼光，為公司收藏了850件藝術品，包括安迪‧沃荷、賈斯珀‧瓊斯（Jasper Johns）、珍

妮‧霍爾澤（Jenny Holzer）等等的畫作，他奉行「Art in the Workplace」哲學，藝術品既可美化辦公環境，也可以保值並獲利。

另一位近幾十年的華爾街收藏家是羅伊‧紐伯格（Roy Neuberger），他是路博邁信託基金公司（Neuberger Berman）的創辦人。紐伯格一生捐出 985 件藝術品給各大博物館，他的收藏包括傑克遜‧波洛克（Jackson Pollock）、威廉‧德庫寧（Willem de Kooning）、喬治亞‧歐姬芙（Georgia O'Keeffe）、馬克‧羅斯科（Mark Rothko）等藝術家的作品。他還寫了一本書叫《熱情的收藏家》（*The Passionate Collector*），書中分享了一個收藏藝術品的訣竅：他每次購買畫作前，必定去大博物館訓練眼力，讓眼睛享受藝術界的巨作，一旦眼睛習慣看好的作品，在購買藝術品時就比較能夠分辨好壞。

市場上有成千上萬的所謂新興畫家，絕大多數的畫作無法留傳千古，也就是價值永遠無法成長，即使有些以高價拍賣，也往往是刻意操作的結果。好眼力是選擇藝術品和畫作的必要關鍵，比金錢更重要。晚摩根 35 年出生的阿爾伯特‧巴恩斯（Albert Barnes），財力遠不及摩根大通，但他所收藏

的藝術品，在私人收藏家中幾乎無人能出其右。巴恩斯收藏了超過 4,000 件藝術品，其中畫作有 900 多件。他的收藏包括 181 件雷諾瓦的作品、69 件塞尚的作品、59 件馬蒂斯的作品、46 件畢卡索的作品。目前巴恩斯的收藏在費城的巴恩斯基金會（Barnes Foundation）展示。據估計，巴恩斯所收藏的藝術品總值目前超過 250 億美元。

## 畫家詩人大李力

2007 年春天，我和太太想買幾幅油畫裝飾家中，於是，我們去了每年一度在紐約市賈維茨會展中心（Javits Center）的藝術展，展覽上有成千上萬的藝術家作品，價位從幾百美元到幾萬美元都有。為了找到好作品，前一天我和太太特別去了紐約大都會博物館，沉浸在莫內、梵谷、畢卡索、塞尚等大畫家的傑作中，遵照紐伯格的建議，先訓練眼力，讓眼睛習慣看好的畫作。

我眼力不行，沒有天賦又缺乏後天訓練，所以選畫的責任就交給賢妻了。當天我先留在紐約中城的巴克萊銀行

（Barclays）上班，請太太去探路。在這樣浩瀚的藝術品展覽場，幾乎沒有什麼能留住她的腳步，直到走近大李力的展覽位置，她眼睛一亮，馬上打電話給我，要我快點過來認識大李力。

大李力出生於 1958 年的中國大連，父親也是藝術家，他 7 歲時便在父親的指導下習畫。除了習畫，在那個艱難的時代，大李力也曾經下鄉學習，東北的農村、江南的水鄉，他都親身體驗過。他曾險些落入大海，也曾經迷失在森林中，大李力在他的作品集中提到：「那海水中無助的恐怖，那漸黑的傍晚，山風在枯木中刮出的哨音與我迷失中的絕望之感的交會，是我年輕時一段時間裡黑冷色彩的原因。」豐富的人生體驗、對真實與藝術的執著、游刃有餘的東方和西方繪畫技巧，充沛的想像力與原創性，創造出大李力獨特而不可取代的線條、造型與風格，以及完美的顏色組合。也許那正是吸引我太太停下腳步的原因。

大李力於 1983 年畢業於魯迅美術學院中國畫系，以優秀的成績留校任教，教授素描和中國畫。1992 年，位於北卡的阿帕拉契州立大學校長拜訪魯迅美術學院討論交換學者的計

畫，在校內畫展中認識大李力並邀請他到美國。那時大李力正準備去阿姆斯特丹的荷蘭皇家美術學院，連學校的宿舍費都已寄交，但在阿帕拉契大學校長的鼓勵之下，大李力願意一試，在 1992 年踏上了到美國發展藝術的道路。

大李力在他的作品集中說道：「……我乘著素描的木舟在藝術的大海中漫遊，在東方繪畫的島上找到先人遺下的珍寶，又在西方巧遇了達文西與畢卡索精神的寶典……從世界不同地方飄來的各色彩雲與雨露釀醉了我的筆觸……」除了畫畫，大李力也是位詩人，有一年大李力和其他畫家朋友在美國西北部一望無際的原野上寫生，朋友推著他來一段即興詩，大李力隨口吟道：「那些雲是飄在天上的山巒，那些山是臥在地上的雲海，我們站在天與地的雙唇之間……」

在美國發展油畫藝術不是一件簡單的事，尤其對東方人來說，大李力是極為少數成功的例子，並且獨立發展，自開畫廊。每當他面對挑戰時，總是想起魯迅的一句話：「危險？在危險中漫遊才能感受到生命的力。」除了是畫家詩人，大李力也是成功的畫廊主人。在 COVID-19 疫情之前，大李力在知名渡假勝地佛羅里達州的那不勒斯（Naples）有兩家畫

廊，但受疫情影響，暫時關閉。他也曾在亞特蘭大開過畫廊。

從 2007 年起，我家中掛的都是大李力的油畫，這麼多年陪伴著我、妻子和孩子們的生活，無論晴雨，大李力的畫總能帶給我們許多喜悅。他的月光音樂系列作品，不管是彈琴的少女，或是線條粗獷的大提琴手，都能讓人感受到音符彷彿在油畫的色彩裡躍動。明明是平面的畫，卻讓整個空間變成一場美麗的音樂盛宴。

我自己深深被大李力的油畫所感動，心中升起了一個願望：把大李力介紹給台灣，希望大家也能和我一樣，享受這位藝術家的作品。

筆者家中掛著許多大李力的油畫

筆者夫妻與大李力合影於大李力畫廊

大李力作品《月光下的音樂》

PART

# 4

## 我所看見的華爾街

# 第 15 章

# 華爾街的投資銀行

　　我在 1992 年從賓州來到紐約市，那時候的華爾街幾乎是企管碩士畢業後的第一志願。《老千騙局》（*Liar's Poker*）這本書在 1989 年出版，吸引了許多青年學子對華爾街的憧憬。《老千騙局》的書名來自當時交易室一個受歡迎的對賭遊戲，現在已被禁止。作者從 1986 年在所羅門兄弟交易室的一個故事開始。約翰・古弗蘭（John Gutfreud）是公司董事長，人稱「華爾街之王」，那天他走進交易室，可能想要展現他敢玩敢賭的勇氣，挑戰手下的交易員玩老千騙局的對賭遊戲，說：「賭一把，100 萬，別掉淚！」100 萬美元是個大數字，當時新進員工的年薪可能只有 4 萬美元。

　　這是古弗蘭樹立權威的時刻，在這個交易室，誰有能力和他對賭？當時交易室最厲害的交易員是約翰・梅里韋瑟

（John Meriwether），他曾為公司賺進幾億美元的利潤，人稱「遊戲之王」。依作者的猜測，梅里韋瑟覺得這個情形很難贏，若贏了對賭，可能輸了他和大老闆的關係；若輸了 100 萬，更令人心痛。於是梅里韋瑟回嗆，要賭就賭大的：「1,000 萬，別掉淚！」100 萬美元對古弗蘭可能不是個問題，但 1,000 萬美元就不同了，而且梅里韋瑟比較會玩這個遊戲，勝算比較大。古弗蘭大笑，說他是開玩笑的，便離開了交易室。

## 2009 年以前的投資銀行

我在華爾街工作初期，聖誕節晚會總是很隆重，可以攜伴參加，晚會提供各式餐點，各式酒類和飲料無限暢飲。晚會結束後，一輛輛黑色轎車在門口排隊，把大家送回家。我在進入普惠 3 年後，公司給我一間個人的辦公室，從辦公室窗口可以看見第六大道上的無線電城音樂廳（Radio City）。那時的投資銀行非常敢於承擔風險，獲利也因此大起大落，賺錢時，紅利也發得多。1980 年代和 1990 年代因為金融衍生證券（Financial Derivatives）、金融資產證券化（securitization），以及電腦的廣泛運用，是投資銀行的黃金時代。

在美國經濟大蕭條時期，政府因爲投資銀行的風險太大，怕會影響收老百姓存款的一般商業銀行的信譽，於是在 1933 年通過《格拉斯—史蒂格爾法》（Glass-Steagall Act），禁止收存款的一般商業銀行從事證券投資業。也就是在那個時候，摩根士丹利從摩根大通分了出來，在 1933 年之前，它們原本是同一家公司。

| 發生時間 | 公司 | 結果 |
|---|---|---|
| 1993 | 第一波士頓 | 被瑞士信貸（Credit Suisse）收購 |
| 1994 | 基德 | 被普惠收購 |
| 1998 | 所羅門兄弟 | 被花旗銀行收購 |
| 1999 | 銀行家信託 | 被德意志銀行（Deutsche Bank）收購 |
| 2000 | 普惠 | 被瑞銀投信收購 |
| 2001 | DLJ 銀行（Donaldson, Lufkin & Jenrette） | 被瑞士信貸收購 |
| 2008 | 貝爾斯登 | 幾乎破產，被摩根大通收購 |
| 2008 | 雷曼兄弟 | 破產，部分被巴克萊銀行收購 |
| 2008 | 美林 | 被美國銀行收購 |

**圖表 15-1　1990 年代以後消失的投資銀行**

江山代有英雄出，雖然投資銀行漸漸減少，但對沖基金卻如雨後春筍，群雄林立。著名的對沖基金有城堡投資集團、復興科技、橋水基金、千年基金等等。

我在 1992 年來紐約時，一般商業銀行和投資銀行還是分開的。那時的投資銀行，包括現在還在的摩根士丹利和高盛；其他當時赫赫有名、但今天已不存在的有美林（Merrill Lynch）、普惠、所羅門兄弟、雷曼兄弟、第一波士頓（First Boston）、基德（Kidder Peabody）、銀行家信託 (Bankers Trust)、貝爾斯登（Bear Stearns）等等。這些已不復存在的公司要不是被收購，就是倒閉了。

## 2009 年以後的投資銀行

從 1980 年代，大銀行就注意到投資銀行的高獲利，開始利用各種法律漏洞進入相關業務，也就是在這個黃金時代的末期，1998 年花旗銀行買下了所羅門兄弟。柯林頓總統在 1999 年簽署了《金融服務業現代化法》（Financial Services Modernization Act），商業銀行和投資銀行的差別愈來愈小。2008 年金融危機時，照理說，美國央行不能插手證券投資銀行，但為了拯救市場，美國政府要求高盛集團和摩根士丹利也轉為金控公司（bank holding company），接受央行的管轄。現在所有的大銀行的旗下，幾乎都有一個投資銀行部。

因為法令的改變、大型金控公司的成立、2008 年的金融危機，2009 年以後的投資銀行已不似 1980 年代至 1990 年代的投資銀行。敢玩敢賭的膽是金管機構不喜看見的，各公司更注重科技、風險管理和與客戶的關係。

這裡所謂的投資銀行不同於一般人接觸到的證券經紀公司或財富管理公司。證券經紀公司是以服務一般百姓為主，例如富達、億創理財（eTrade）、嘉信（Charles Schwab）及德美利（TD Ameritrade）。財富管理公司的業務比證券經紀公司稍微廣一點，一般人接觸到的理財顧問就是在財富管理公司工作。有些財富管理公司會把大戶區隔出來，提供更多的服務，專為大戶服務的部門叫私人銀行。各公司給大戶的定義不同，有的是 100 萬美元，有的是 1,000 萬美元。

而投資銀行著重於服務基金管理公司、大企業或政府機構等企業客戶，不會和小客戶打交道。投資銀行的每一筆交易金額往往很大，比如說，美國政府債券交易，100 萬美元是最小單位，如果一筆交易金額小於 100 萬美元，我們稱之為零股（odd lot）。

在投資銀行裡，一般又分為兩大部門，一個是投行部，包括收併購部；另一個是交易部。投行部幫助客戶公司股票上市、併購其他公司或防止被併購，這個部門的銀行家要和客戶公司的執行長及財務長有很好的關係。如果客戶公司股票上市，他們可以為銀行賺進上市股票價值的 5% 以上，利潤非常高，是大學生和企管碩士都想搶進的工作。

　　在交易部，主要以交易為業務的重點，一般又分為兩大支，一支是股票部，以股票的研究和交易為主要業務；另一支是債券部，以各種債券的研究和交易為主。它們下面也都各有交易、銷售、研究、科技及數學模式研究等部門。很多中國人因為數學好，常常在數學模式研究部工作，科技部也有許多亞洲人，尤其是印度人和中國人。銷售部的工作主要是和客戶打交道，英文要好，要能夠和客戶建立好關係。

　　交易部是最難進入的，公司把大筆的資金交給交易員運用，比如說，一個債券部下面的一個美國聯邦政府債券交易部（有別於地方政府債券），往往有數百億美元的資產，管理這麼大的資產，當然需要好的科技和數學來分析。在華爾街近 30 年的時間，我經歷過數學模式研究、科技、交易的工

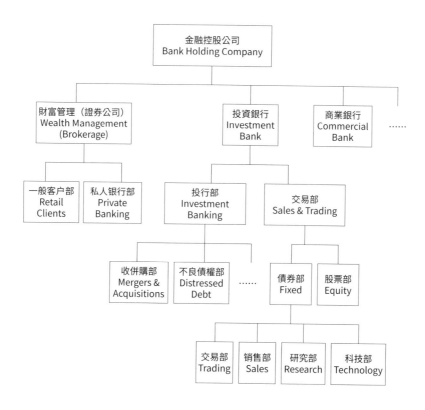

**圖表 15-2　投資銀行的各部門**

為了便於說明，以上架構有些微簡化。

作。隨著科技的進步，交易員的工作愈來愈少，很多工作已經被電腦取代，比如超過 50% 以上的外匯交易完全不需要人為介入，電腦動作快狠準，也可以有更好的風險管理。交易員不同於理財顧問，必須實際參與市場交易，並承擔因交易而產生的風險，交易資金則來自於公司。理財顧問是提供建議給客戶，本身不參與交易或承擔風險。

隨著科技的進步，華爾街也出現了許多創新和變化，過去投資銀行是市場主要的造市者，但因為新科技和法令的影響，許多對沖基金也開始進入造市的業務。而投資銀行方面，部分業務也漸漸被私募股權基金侵入。投資銀行受到左右夾擊，已不如從前，現在華爾街的聖誕晚會完全比不上 1990 年代的場面。

雖然投資銀行已不像過去的大起大落，獲利仍然不斷創下新高。摩根大通的證券服務和交易部在 2020 年前 9 個月的營業額高達 250 億美元，花旗銀行同一部門的營業額也有 186 億美元，高盛集團同一部門的營業額也有 169 億美元。各大投資銀行已調整適應新的金融環境。

## 投資銀行的工作

至於投資銀行的起薪如何？一般大學畢業生目前的起薪大約一年 8 萬美元，另加年終獎金，碩士可以拿到 9 至 10 萬美元，博士應該超過 10 萬美元。相對來說，這個數字可能比少數高科技的公司少，但比其他行業好些。年終獎金部分就看表現，交易員一般可以拿到比較高的年終獎金。

除了交易員，還有許多利用數學模型分析金融市場的工作，這群人被稱為「定量分析師」（quantitative analyst，簡稱 quants）。定量分析師除了要會數學，也要有好的金融知識，通常由數學、物理或理工科相關博士來擔任。科技部的工作職缺更多，需要嫻熟 Java、C++ 等語言的程式設計師，起薪與交易員相差不多，工作數年後的資深程式設計師年薪約在 15 萬到 20 多萬美元之譜，但年終獎金一般不如交易員。

在投資銀行工作，尤其是與交易相關的工作，壓力比較大。不久前，有個新進交易員在經濟數據公布前，忘了減低資產風險，結果賠了幾萬美元，交易經理唸了他一個早上。在某程度上，交易的學習過程有些像師徒制，新進交易員慢

| 公司類型 | 公司例子 | 公司業務 |
| --- | --- | --- |
| 投資銀行（通常在大銀行之下） | 摩根大通、花旗、高盛、摩根士丹利、瑞銀 | 各種投資項目，如股票上市與證券交易 |
| 央行 | 通常由紐約分行來執行買賣 | 公開操作，以穩定市場為目的 |
| 各類型對沖基金，有一部分是快錢 | 城堡投資集團、復興科技、橋水（Bridgewater）、千年（Millennium）、Tower Research、Two Sigma、AQR | 包括造市、高頻交易、不良債權、套利等各種產品，以短線為主，只要能賺錢 |
| 私募股權基金 | 黑石集團、阿波羅投資公司、凱雷集團、KKR | 過去專注於企業投資，並加入經營，近年也做公司債的投資 |
| 買方:基金（真錢） | 貝萊德、先鋒、哈佛校產基金（Harvard Endowment Fund）、加州退休基金 | 長期投資，證券或債券，目的單純 |
| 買方：保險公司（真錢） | 美國國際產險（AIG）、大都會人壽（MetLife） | 長期投資，投資項目受法規限制，目的單純 |

**圖表 15-3　華爾街市場要角**

華爾街在某些程度上，像是戰國時代，群雄林立，就看各家的武功和本事，幸運的是，贏家不只一個，輸了也不致於喪生。

慢從聽和看的觀察中學習。在投資銀行或對沖基金工作，一定要有抗壓性，不然可能受不了。很多工作上的事情不要情緒化或私人化，這樣壓力就小些。職場環境中也沒有永遠的敵人，能夠互相幫助的就是好同事。

## 其他華爾街成員

除了投資銀行，華爾街還有其他類型的公司，一般可分為兩大類，一是賣方，另一是買方。賣方指的是從事造市業務和證券服務的各大投資銀行，買方基本上就賣方的客戶，比如保險公司、信託基金、退休基金、主權財富基金、捐獻基金等等，這些基金的動機單純，主要以投資獲利、分散風險為考量，有許多投資組合經理負責投資決策。

與投資銀行交易的客戶可分為兩大類：「真錢」（Real Money）和「快錢」（Fast Money）。信託基金、退休基金或央行的交易目的單純，且不借錢投資，被稱為真錢。真錢的相反就是以快速交易來獲利的對沖基金，這些對沖基金交易頻繁，通常會用一塊錢借三塊錢去做四塊錢的交易，所以華

爾街通稱這一類的交易客戶為快錢。快錢客戶這一分鐘買進，下一分鐘如果市場不對勁了，他們就會賣出，動作非常快。

除了各大基金，各國的中央銀行也是重要的華爾街成員，尤其在外匯市場和債券市場，央行扮演舉足輕重的角色。

# 第 16 章

# 高頻交易和私募股權

過去投資銀行是市場主要的造市者，隨著新科技和新法令的出現，投資銀行不能承受太多風險，這給了對沖基金機會進入造市的業務。這類的對沖基金被稱為高頻交易。

## 對沖基金的工作

造市者和券商不同，券商只是中間人，比如你要買 100 股臉書股票，券商就上市場找最便宜的臉書股票報價給你，你同意了，券商就替你執行，券商完全沒有任何交易價錢的風險。造市者就不同了，造市者隨時隨地要準備買或賣，當你從造市者手上買到了臉書股票，一種可能是造市者手上已有股票，正好賣給你；另一種可能是造市者手上沒有這檔股

票，造市者先賣後買，直到買回他賣出的股票，因此造市者必須承擔市場價位變動的風險。

造市者經過千千萬萬的買賣，一進一出地賺取價差。價差不需太大，在外匯市場，如果每 100 萬平均可以賺 20 美元就非常不錯了，積少成多。如果每天的交易量是 500 億美元，你算算看利潤會是多少？而那只是一個小部門的利潤。

對沖基金在造市的業務上愈來愈成功。我曾經工作過的城堡投資集團在美國政府公債和選擇權市場很強。XTX Market 是外匯市場的主角之一，Virtu Financial 是上市公司，也是各種金融商品的主要造市者。其他一些套利公司，例如復興科技公司，也直接或間接扮演造市的角色。華爾街的投資銀行愈來愈少，投資銀行的交易員也愈來愈少，取而代之的是這些對沖基金，它們不受央行管轄，所以有更多的彈性。它們提供的市場流動量（華爾街稱之為 market liquidity）在安靜的市場裡很穩定，一旦有風吹草動、市場不穩定時，這些公司跑得也最快。這是為什麼今天的市場往往跟著新聞走。大事件發生時，很難交易，小股東要小心。

目前市場上，絕大部分的交易都是由電腦的運算決定，也可以稱為人工智慧的一種。市場上因中長期的需要而買賣的，據說只有10%左右。也就是說，當你我下單買賣，那一筆交易要在市場上轉手好幾次，最先可能是某個對沖基金接手，時機一到，就轉給下一個對沖基金，轉了幾次後，才找到真正的買家或賣家。這中間經手的對沖基金，想必都要賺一點，不需要多，100美元賺半分就很可觀了！

這也影響了職場生態。過去，交易員要眼光準、有膽量、

| 成立時間 | 公司 | 業務 |
|---|---|---|
| 1990 | 城堡投資集團 | 各類造市 |
| 1999 | Jump Trading | 期貨 |
| 1999 | Getco | 與騎士資本（Knight）合併為 KCG，2017 年被 Virtu Financial 收購 |
| 2001 | Two Sigma | 用人工智慧做交易 |
| 2006 | GTS | 紐約證券交易所最大的指定造市者 |
| 2008 | Virtu Financial | 高頻交易造市者，2017 年收購 KCG |
| 2015 | XTX Markets | 證券、外匯交易造市 |

**圖表 16-1　1990 年代後新興對沖基金公司或造市者**

因投資銀行可以從事的風險交易受到監管，對沖基金漸漸加入造市的業務。除了以上幾家公司，市場上還有更多類似的公司。

敢賭，《老千騙局》書中的描述便很生動。現在，對沖基金雇用許多計量交易員（quantitative trader），他們多數有博士學位，懂得利用數學和電腦來掌握市場的資訊，從中獲利。

## 城堡投資集團和格里芬

2003 年，我到芝加哥的城堡投資集團工作，這是我第一次實際在對沖基金上班。公司當時以信用交易（Credit Trading）聞名，創辦人肯·格里芬在哈佛大學讀書時就開始交易可轉換債券。他從未在大投資銀行工作，白手起家，目前已累計超過 200 億美元身價。2003 年，城堡投資集團搬進全新的辦公室，現代化的陳設看起來就像科技公司，供應三餐，飲料應有盡有，哈根達斯冰淇淋隨意取用。投資銀行裡消失的盛大聖誕節晚會，這裡辦得更豪華。

格里芬從紐約聘請了一位資訊長，資訊長不想搬到芝加哥，於是格里芬答應他每週一早上用私人飛機接他到芝加哥上班，週四下午再把他送回紐約。因為飛機很大，有十多個座位，資訊長便讓我們幾個住在紐約的同仁搭便機。每週一

早上有專車到家接送，週四的回程更是舒適。因為是私人飛機，不但沒有麻煩的安檢，機上還提供芝加哥星級的晚餐，紅白酒和烈酒隨意選擇，最後一道甜點結束，剛好準備降落，之後又是一輛輛黑色轎車把大家送回家。

格里芬經營有方，公司愈做愈大，個人就擁有好幾架灣流的私人飛機。聽說格里芬在 2003 年二度結婚，去加勒比海度蜜月時，因為電腦接不上衛星通訊，就派了私人飛機從公司送人過來維修。電腦修好後，格里芬為了確保沒問題，還讓公司職員在海灘上享樂一天，再用私人飛機把他送回芝加哥。

格里芬的這段婚姻在 2015 年結束，最後的離婚協議細節沒有公開，根據新聞揭露，他的前妻要求每個月 100 萬美元贍養費，還向法院列出每個月的額外開銷，包括私人飛機費用 30 萬美元、度假屋租金 16 萬美元、傭人 6 萬美元、買菜錢 6,800 元、外食費用 7,200 美元、禮品費 8,000 美元等，另外還有每年聖誕節 10 天假期特別開銷 45 萬美元，這些要求可能是一般小老百姓無法想像的。

從某些角度來看，對沖基金比較像早期的投資銀行，有

著敏銳的嗅覺，隨時跟著市場找尋賺錢的機會。格里芬的城堡投資是股票、股票選擇權和債券市場上重要的造市者。有人估計，城堡投資將可能成為第一個非銀行的政府公債主要交易商，可以直接與國庫和央行交易。

反觀投資銀行，所能承受的風險比起 1990 年代減少許多。因為自從 2008 年金融危機後，銀行必須面對新增加的法規，尤其，其中一條規定投資銀行不能從事自營交易（proprietary trading）。也就是說，不能只是為了賺錢而承擔風險，承擔風險的目的應以造市為主。一位曾經在所羅門兄弟工作的交易員同事說，在 1990 年代，他工作的政府債券交易部可以有 1,000 億美元的資產，而現在，有些投資銀行的政府債券交易部規定資產必須在 50 億美元以下，而且不能擁有某個債券超過三十天沒有交易。

## 私募股權

投資銀行可以承擔的風險減少，但市場上還是需要有公司承擔風險，尤其是當市場突然失去平衡的時候，有人必須

進場買低賣高。在股票市場上，私募股權基金漸漸擔起部分責任。比如說，一家公司有短期資金周轉問題，以前投資銀行可以進場協助，把公司整理好了，再放回市場交易，稱為不良債權投資。現在，這種不良債權多由私募股權公司來投資協助。私募股權是華爾街重要成員，也是現在大學畢業生搶進的企業之一。它們不必受到央行的管轄，只要有利潤可圖，它們可以購買不良債權的公司、蒐集許多家小公司再併成大公司，當然也可以收購大公司旗下的子公司等等。

私募股權除了投資，也參與管理，以賺錢為目的，用裁員來降低成本是常見的手段之一。數年後，當它們收購的公司可以穩定賺錢時，私募股權便會把這些公司放進市場脫手獲利。私募股權也投資新科技，所以創投公司可以歸類於私募股權。雖然大部分的新興公司最後都失敗收場，但只要成功找到一個賺錢的路徑，就可以吃喝不盡。日本的軟體銀行就因為投資阿里巴巴而賺了不少，成為日後發展的後盾。

戴爾電腦（Dell Computer）是近年知名的私募股權例子。這家全球第三大個人電腦公司，在 2013 年因為錯過了平板電腦和智慧型手機的市場，股價下跌，市場覺得公司已經沒

有前途了。戴爾的創辦人不同意市場的看法，於是聯合一家名叫銀湖（Silver Lake）的私募股權公司，把戴爾電腦從市場購回。經過 6 年的整理，加上併購益安信（EMC），戴爾於 2018 年重新上市。

另一個例子，黑石集團在 2008 年金融危機之前，沒有經營或擁有住宅地產，金融危機之後，房價大跌，很多空屋無人問津，黑石覺得這是一個獲利的機會。2012 年，黑石募集資金，開始廉價收購房子，再加以整修出租。短短數年，黑石買了 8 萬多間房子，並且成立了一家子公司叫 Invitation Home。這家公司的股票於 2017 年上市，據說讓黑石大賺 70 億美元，平均一間房子賺 8 萬 5 千美元。

根據 2020 年 5 月底出刊的《經濟學人》雜誌，私募股權經營下的公司有 8 千多家，整體市值大約 5 兆美元。主要幾個比較大的私募股權公司有阿波羅投資公司（Apollo）、凱雷集團（Carlyle）和 KKR。即使在 2020 年疫情嚴重的時候，私募股權基金手上的現金仍有 1.5 兆美元，準備進場撿便宜。

私募股權最賺錢的時候，往往是市場低迷的時候。它們

有現金，可以幫助公司撐過危機，但也要求很高的投資報酬率。一般私募股權的基金不開放給小戶，它們的客戶通常是學校基金、退休基金或非常富有的人。

　　過去私募股權要收購公司時，往往需要向銀行借錢。近年來，私募股權也開始投資公司債。根據 2020 年 7 月底的《經濟學人》，14% 的公司債券在私募股權的管理之下，而銀行在公司債的市場占有率逐年減少。

**新詩**

## 華爾街

不要被這街名迷失了你，小伙子

如果你要 shopping，去第五大道

這裡的人打勝仗後會去的地方

飲酒，或是買珠寶給他們的情人

這裡不收信用卡，不賣廉價的同情心

比戰國還戰國的戰場，比春秋還多事的市集

只有貪心是不能打勝仗的

把戰略地圖攤開來，龐大的戰場

碉堡林立，山頭處處可見

軍用道疊疊藏在山頭與碉堡間

用來交換情報或是作些買賣

正規軍或散戶游擊隊處處可見

小伙子，脆弱的人請不要來此

有人用靈魂換取奢華的生活

有人用微笑販賣假的希望

脆弱的人不要來


在這個戰場，取勝之道……

看那武功華麗的登場，綺麗的地形

東側白沙的半島上，數學家

以深奧的微分方程洞悉瞬間即逝的先機

在中部的市集旁，科技專家

以千分之一秒零點零零一分的準確性

鄙視千軍萬馬的速度

在眾多俊男美女的見證下

勝利者，請接受大家的讚美和友誼

那老兵守在街口的的一角

撿些零星的情報和買賣，順便

守護著數位打造希臘似的競技場

千軍萬馬奔馳於光纖大道而來

千億美金的勝負短兵相接，菜籃族又要斷炊了

穿著 Gucci 的大盜，準備參加慈善晚宴

還是撿些零星的小買賣罷

先賣了手頭萬兩黃金，老兵想著

如何消遣緩慢的下午


隱約可以聽到，談判聲

在米其林兩顆星的導引下

和平隨著金色的降落傘來臨

一個碉堡卸下了番號

投奔到另一個小小的王國

不可說，小伙子不要問

你看下星期的報紙就知道了

那說客飲著紅酒，數著

他做的一疊一疊的善事

老兵指著街口向西很遠的地方

住著街上最富有最善良的老國王

住在同一幢簡單的房子

沿著同一條簡單的路線上辦公室

不用高速的電腦，不玩方程式

用智慧照亮無止盡的閱讀

多讀些他的故事和金玉良言

有益健康，不必出賣良心

他才是最會打持久戰的常勝將軍


千萬個戰事不斷地進行中

輸了還可以站起來

小伙子，我喜歡你迷人的鄉音

我們家鄉的人很少來此

小伙子，你來，帶著

意志力，和一抹幸運之塩

來此戰鬥


寫於 2018 年 10 月 2 日下午
發表於《創世紀詩刊》198 期

# 未來的投資環境

　　美國政府公債高築，但央行利率卻是歷史最低點，什麼時候通貨膨脹會再度出現，是大眾關注的焦點。

　　通貨膨脹會讓鈔票變得不值錢，二戰結束之後，國民政府也經歷了一段非常高的通貨膨脹時期，搞得市場經濟停滯。在 21 世紀的今天，這樣的情形仍然存在。eBay 可以買到 2008 年辛巴威的 100 億元的紙鈔，如果多花幾塊美元，10 兆或 50 兆元的辛巴威紙鈔也有。哈哈，這可能是最容易成為億萬富豪的方法。我在做交易員時，有同事買了幾張貼在辦公室牆上，提醒大家通貨膨脹是一個可能發生的風險。

## 隱憂再現

在美國短短的數百年歷史當中，最高的通貨膨脹率 30％發生在 18 世紀。20 世紀期間，最高的通貨膨脹率是 20％，發生於 1913 年。我還在台灣讀清華大學的 1980 年，美國也曾經有 15％的通貨膨脹率，還好美國央行大力介入，通膨時

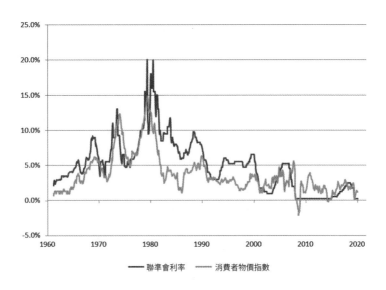

**圖表 17-1　聯準會利率和物價指數走勢**

高利率時期什麼時候會再次出現，這可能是千萬億美元的問題，沒有人知道答案。

資料來源：聯準會網站（https://www.federalreserve.gov/monetarypolicy.htm）、US Labor Bureau（https://www.bls.gov/cpi/））、彭博。

期不長，但卡特總統因此間接地失去了連任的機會。

通貨膨脹代表物價愈來愈高，如果一袋米今年是 100 元，明年若變成 130 元，米的通貨膨脹率就是 30%。只以米價來看是不準確的，政府在測量通貨膨脹時，是以平均的生活指數來看，把各種日用品和服務的價格平均起來計算，稱之為消費者物價指數。若要追蹤通貨膨脹的趨勢，便要密切注意消費者物價指數的相關消息。

當通貨膨脹出現之前，應該做些什麼準備？根據過去的經驗，房地產、貨物、有實質價值的東西都可以保值，股票則會先跌後漲，現金會因為通貨膨脹而受傷最深。

什麼時候會再度出現高通貨膨脹率？沒有人知道，日本國債對 GDP 的比例幾乎全球最高，但利率維持在最低點已數十年，日本政府和日本央行最大的夢想就是能夠再見 2% 以上的通貨膨脹率，但始終求之不得。其中一個原因是人口老化，公司制度僵硬、缺少創新。美國雖然也面臨人口成長停滯的問題，但有外來人口不斷為美國注入新血，所以情況和日本不同。

## 投資報酬率的期待

1990 年以後，資金來源充裕，美國央行利率也逐漸往下走，市場平均本益比漸漸升高。1990 年以後投資報酬率高於歷史平均，本益比高漲是其中一個原因。然而歷史不能保證未來，本益比不可能不斷升高，很難想像未來市場仍然保有每年 9% 以上的投資報酬率。如果能夠維持在 7% 以上，應該是令人滿意的。若能有 7.2% 的投資報酬率，我們的財富每 10 年將可以成長一倍。倘若再認真做功課研究股票的基本面，也許 10% 是可以達到的目標。

本益比高低和利率高低互有關聯，當銀行存款利率是 0，那麼 5% 的優先股利率是可以接受的；當銀行存款利率是 5%，投資者必然會拋售高風險的優先股，因此優先股的價格會跌，利率會升至 8% 以上。因此，當央行開始縮緊貨幣供應，股市將受影響，本益比可能會重新調整範圍。

## 愚蠢的貿易戰爭

美中貿易戰在短期仍將持續進行，5G 爭奪戰只是個開始。中國經濟成長率應該不會像過去 20 年那麼好，美國還是在科技、製藥、金融、農業擁有領先的地位，中國的製造業仍是世界大工廠。

投資者一般喜歡平衡的世界，衝突則會帶來不確定性和危機。政治事件永遠會對股市產生影響，小投資人能力有限，只能持續關注。未來 10 年，美國領先全球的地位應該不至於改變，仍是大家嚮往的居住和投資環境，因此美元和美國股市有一定的安全性和價值。

危機會不斷出現，也會一個一個被人類解決。在發現石油之前，煤炭是人類主要的能源來源，人們擔心煤炭會有用完的一天。經歷過 1970 年代石油危機的人們，也曾擔心石油會有用完的一天。但是當再生能源興起，環保意識高漲，石油生產變成了供過於求。

經濟的週期性也是不斷循環的，第一章表列了美國百年

來的種種大型股市危機，在當時，那些是大風大浪，現在回頭再看，不過一個個小小波折。

華爾街傳奇傑西‧李佛摩（Jesse Livermore）曾說：「市場的方向只有一個，不是牛市也不是熊市，而是預測出對的走勢。」掌握個人可以承受的風險，適時選擇對的那一邊，在不亂賠錢的情況下，危機會一個一個從身邊過去，長期下來，美國的股市將持續上揚。

## 歷史不能保證未來

學過財經理論的人都知道，歷史數據不能代表未來，未來是不可預測的。凱因斯的傳人約翰‧高伯瑞（John Kenneth Galbraith）曾說過：「預測未來經濟的學者有兩種：那些知道未來是不能預測的，和那些不知道自己不能預測未來的。」

在可見的未來，天災不至於摧毀人類的文明，只有愚蠢的領導人會。希望愚蠢的事不會發生，那麼，資本市場和股票市場將會繼續成長。未來是無法預期的，COVID-19 疫情

便是在完全無預警的情況下襲捲全球，而科學家以前所未有的速度發展出疫苗。這些都不是我們在 2019 年可以想像的，但我們知道危機會過去，市場遲早會回歸正常。

國家圖書館出版品預行編目(CIP)資料

不敗的華爾街投資法：一次弄懂股票、ETF怎麼
買，讓你的財富10年翻一倍／竹春著.
-- 初版. -- 台北：大塊文化出版股份有限公司，
2021.09

276面；14.8 × 20公分

ISBN 978-986-0777-23-9（平裝）

1. 基金　2. 投資

563.5　　　　　　　　　　　　　　110012395

LOCUS

LOCUS

LOCUS

LOCUS